Miguel Méndez
in Aztlán

Two Decades of
Literary Production

Bilingual Press/Editorial Bilingüe

General Editor
Gary D. Keller

Managing Editor
Karen S. Van Hooft

Associate Editors
Ann Waggoner Aken
Theresa Hannon

Assistant Editor
Linda St. George Thurston

Editorial Consultants
Barbara Firoozye
Ingrid Muller

Address:
Bilingual Press
Hispanic Research Center
Arizona State University
Box 872702
Tempe, Arizona 85287-2702
(602) 965-3867

Miguel Méndez
in Aztlán

Two Decades of
Literary Production

edited by
Gary D. Keller

Bilingual Review/Press
TEMPE, ARIZONA

ISBN   0-927534-53-3

Library of Congress Cataloging-in-Publication Data

Miguel Méndez in Aztlán : two decades of literary production / edited
   by Gary D. Keller
        p.   cm.
     Includes bibliographical references.
     ISBN 0-927534-53-3
       1. Méndez M., Miguel—Criticism and interpretation.   I. Méndez
   M., Miguel.   II. Keller, Gary D.
   Pq7079.2.M46Z75   1995
   863—dc20
                                                   94-43636
                                                      CIP

PRINTED IN THE UNITED STATES OF AMERICA

Cover design by Bidlack Creative Services

Front cover photo of Miguel Méndez by Luis Bernal

Acknowledgments

Major new marketing initiatives have been made possible by the Lila Wallace-Reader's Digest Literary Publishers Marketing Development Program, funded through a grant to the Council of Literary Magazines and Presses.

The editors wish to thank Miguel Méndez for permission to print a previously unpublished story and essay, and also for the use of letters, photos, and other materials.

TABLE OF CONTENTS

I. Introduction

A CROSSROAD MARKS THE SPOT:
MIGUEL MÉNDEZ, MASTER OF PLACE,
AND THE BILINGUAL PRESS / EDITORIAL BILINGÜE

Gary D. Keller

In 1986 the paths of Miguel Méndez and the Bilingual Press/Editorial Bilingüe crossed in Tucson, in the heart of the great, binational Sonoran Desert.

Miguel Méndez has been a lifelong native and connoisseur of the Sonoran macrodesert. With its subdivisions that include the Colorado and Yuma deserts, it stretches 120,000 square miles, lapping the feet of the big mountains of the Mogollon Rim about one hundred miles beyond Phoenix to the north. To the south it runs along the arid portions of Sonora, Mexico, where it merges with the Chihuahua desert. On the west it is delimited by the Colorado River and on the east by the western range of the Sierra Madre. This has been a place of mirages or radically contradictory opinions, depending on your access to expert local guidance. In the 1760s Padre Ignaz Pfeffercorn found Sonora to be a "blessed country" redolent of fertile, pastoral soil that produced incomparable plants, choice grasses, and all kinds of healthful herbs. Its hills and valleys were seen as shining with gold and silver mines. Pfeffercorn had the benefit of local guides who could speak the range of Uto-Aztecan languages found there, although they were ignorant of the Apache and Yuman languages. In contrast, others, left to their own devices, believed it to be a great wasteland. Padre Luis Velarde in 1716 called it a place of "sterile lands," William Emory termed it a "hopeless desert" in 1857, and it was similarly described by D. D. Gaillard in 1894 (Miller 100).

The heart and grand junction, as it were, of the great Sonoran desert is Tucson, that most long-standingly Mexican of American cities, not arrogated by the United States until the 1853 Gadsden Purchase, a full five years after the Treaty of Guadalupe Hidalgo. Tucson was the main urban trophy of the Gadsden Purchase, the final contiguous expansion of the continental United States.

Miguel Méndez lives in Tucson and is a full professor at the University of Arizona, which—despite his having received a formal education of only six years of primary school—awarded him a doctorate of humane letters *honoris causa* in 1984. The life of Méndez is the stuff of legends (see Rodríguez del Pino). But his academic upward mobility is a relatively recent thing, partially propelled by Méndez's growing stature as a Chicano writer in the 1970s and 1980s, partially reflecting a notable scandal at the University of Arizona that attracted national attention in the mid-1980s and concerned the lack of Chicanos in the Department of Spanish and Portuguese and discrimination against some of its faculty and students. Méndez, who was only a part-time visiting lecturer at the University of Arizona between 1974 and 1986 (he taught full-time at Pima Community College), had nothing significant to do with this *política,* but *de caram-bola* he greatly and deservedly benefitted from it by being appointed a full professor in one fell swoop in 1986. About that time a militant Chicano student, one of those as Méndez put it, "con manos finas de señoritas" who had never wielded a spade, asked him what he was doing during the Chicano movement of the 1960s. Méndez accurately replied that he was building the University of Arizona and other structures, physically, as a laborer, with his hands, brick by brick.

Desert dwellers who hope to live a full life know that they must respect the desert. They live in its extremes with caution and preparation beforehand. If the desert is your home, there are no alternatives to great physical peril or deep knowledge of its characteristics. This is a land that demands *sapiencia,* not mere *conocimiento.* Miguel Méndez's literary personae emerge from a deeply and personally experienced understanding of the desert, the border regions, and its populations. His literary project embraces not only Mexicans, Chicanos, and Anglos, but Native Americans, especially the Yaquis, whose circumstances and plight at the hands of both Mexico and the United States he has depicted masterfully. His work also evokes the major social, political, and economic features of the region.

As Méndez, born on the United States side of the border, but whose family had to emigrate to Mexico during the depression, knows so expertly, the binational desert is *alambrista* country. It includes the border towns of San Luis and San Luis, Río Colorado, Lukeville, San Miguel, Sasabe, Nogales, Lochiel, Naco, Douglas, and Agua Prieta, and the vast expanses between these outposts readily lend themselves to undocumented border crossings. Or to pilgrimages of an economic, religious, or other aspirant nature. The cover of Méndez's first novel, *Peregrinos de Aztlán,* depicts a campesino in white pinned at the chest to a three-armed saguaro, hanging high and limp. It well evokes the apocalyptic qualities of these grim desert pilgrimages.

Méndez is our great binational writer in a unique and valuable way. There are other writers, of course. There is Carlos Fuentes, increasingly the interpreter for the American public of Mexican and other Latin American cultures from his comfortable urbanity. Fuentes creates characters like Bubble Gómez, the Jipi Toltec, Los Four Jodiditos, and the eminent critic, Emiliano Domínguez del Tamal, who populate places like Kafkapulco, Moorslayer (Matamoros), and Makesicko Dee Eff (also known as Mug Sicko City). There is Cormac McCarthy, a worthy descendent of a long line of D. H. Lawrencian phantasmagorists of the unconscious who come to Mexico or who set their project in Mexico and who evoke the crossings of Anglos into the foreign netherworld in order to identify their own visage in the alien mirror of the other. Some of the other writers are cross-cultural, brokering the two cultures, explaining the one to the other, or contrastive. Others are transcultural, examining the cultural metamorphosis of one culture—mostly the Mexican—in the thrall of the superordinate other. But no one, other than Miguel Méndez, knows the seamless, undulating desert as a boundless sea that swallows mere borders and polities. This is my land, this is your land, the binational macrodesert that encompasses, fixes, and ultimately transcends the triculture of Anglos, Mexicans, and Indians. No other writers, Mexican or American, are so quintessentially Chicano as Miguel Méndez in that their literary milieu explores that vast, boundless expanse upon which borders were imposed only later, a land physically and morally informed by an original, common, immanent history, culture, and oppression that precedes, includes, and ultimately overarches the United States and Mexico.

No wonder, then, that Méndez's characters cross borders with ease. *Facilito,* just like crossing the great desert, if you are sufficiently prepared. For Méndez's border crossers, crossing the border is not the object at all. These pilgrims of the twentieth century search for the original, immanent, all-time Aztlán somewhere in the realm's shifting sands. And instead they encounter evil. They suffer, and many of them bear witness to the burden of binational oppression. There are no favorites in this expanse, neither México, the United States, nor the peculiar no man's land—the "Mexérica" or "Améxico" that undulates between, within, below, and above the two polities and is the special province and specialty of the Chicano pilgrim. There is evil aplenty to deal with in the Sonoran macropurgatory, and Miguel Méndez from his "condición de mexicano indio, espalda mojada y chicano" deals with it (22). Because that *condición* is ultimately a noble and able condition despite the fact that various forces conspire to oppress or even enslave it. According to Juan Rodríguez, the message of *Peregrinos* is "que el chicano es dueño de su situación y de su porvenir, que ha sido víctima de un penetrante y despiadado engaño, porque se le ha hecho creer que su estado natural es la pobreza y la ignorancia" (51).

Yet, just as oppression is desert-pervasive and knows no single ethnicity or polity, the promised land is immanent and transcendent as well. One of the characters in *Peregrinos de Aztlán,* searching for God's word or trace, says:

> *Me perdí en los arenales del Desierto de Sonora, buscándolo para que me enseñara el lenguaje del silencio. Lo busqué para que me dijera lo que le pregunto a las estrellas. Sintiendo mi alma tan sola entre aquella superficie tan llena de arena y el cielo aquel tan tupido de luminarias, me ganó el sentimiento y lloré de ver en el desierto la patria soñada que me aceptaría en su regazo como una madre que ama y guarda por igual a todos sus hijos. Ya nunca más lastimaría mi alma con las espinas del desprecio y de la indiferencia, sería en el futuro un verdadero ciudadano que pide y recibe justicia. Me ganó la ilusión y vi en la cósmica soledad del desierto Sonora-Yuma la república que habitaríamos los espaldas mojadas, los indios sumidos en la desgracia y los chicanos esclavizados. Sería la nuestra, "la República de Mexicanos Escarnecidos". De las dunas que se alzan simulando tumbas brotarían hogares, y la raza nómada con los pies llagados de siglos de peregrinación tendría por fin un techo nimbado de bienaventuranza.* (95-96)

The final two paragraphs of *Peregrinos de Aztlán* end on a prophetic and even apocalyptic note. Méndez directs himself to his desert dwellers—Chicanos, Indians, wetbacks, and others—with a clarion call: *"El destino es la historia y la historia es el camino tendido ante los pasos que no han sido. ¿Quién os ha hecho creer que sois corderos y bestias para el yugo?"* (184). But there was a problem outside of the parameters of the novel itself: it was necessary to find a way to make these words public. Those words were written in a manuscript that was completed as early as 1968. "Se me ocurre aclarar que el manuscrito de esta novela estaba ya completo en 1968," Méndez writes in *Peregrinos de Aztlán* (22). Frustrated with their inability to find an outlet for their novels despite the fact that the Chicano literary renaissance was well under way, in 1974 Miguel Méndez and Aristeo Brito founded their own tiny publishing house. They did this not because they were enamored with entrepreneurial activity or the joys and cares of publishing. Far from it, they were committed to do what was necessary to bring forth their message, a message that included that telling admonition: "Who has made you believe that you are lambs and beasts of burden?" These authors of the desert were unwilling to go down docilely; they were prepared to do what was necessary. "My novel *Peregrinos de Aztlán* was rejected by a well-known publisher," Méndez informs us, "so we had to invent a business to make its appearance possible" (Bruce-Novoa 92).

In 1974 the literary-thematic pilgrimage—let's call it *peregrinaje mayor*—of the two Arizona Chicanos was initiated and highlighted by the founding of a publishing enterprise that was its emblematic incarnation: Editorial Peregrinos. That same year of 1974 marked the first issue of the *Bilingual Review/Revista Bilingüe* as well as the beginning of a period of our own geographic-editorial wanderings, *andanzas menores.* In 1973 what was to become the Bilingual Review/Press had originated at a college in New York City, then moved in 1975 to another in the same urbs, moved again in 1978 for a blink to New Jersey, and then enjoyed long stays in Michigan and in Binghamton in upstate New York, a place popularly called "Dark Bingo" since its number of days with cloud cover rivals the number of sunny ones in the Sonoran desert. In 1986 the semitrailer pilgrimage of the Bilingual Review/Press came to its geographical, although not necessarily existential, culmination, inasmuch as we embraced and were embraced by the Sonoran Valley of the Sun. I had had some acquaintance with Miguel Méndez and Aristeo Brito before landing in Tempe, Arizona, having met Méndez at a few conferences—primarily at the conferences of the National Association for Chicano Studies, where he spoke and read from his work—and I had met Brito primarily at the conferences of the Modern Language Association. Nevertheless, in 1986 the Press had neither published nor was distributing any of their works. This was not extraordinary. Miguel Méndez and his genial colleague, transplanted Texan Aristeo Brito, had already made their stand in the desert, having founded their own small publishing enterprise. They sought no special dispensation, thank you.

Shortly after arriving in Tempe, we contacted Méndez in order to know him better. The Press, of course, was strongly motivated to be a good citizen of the desert and thus quite interested in promoting the work of Arizona's most prominent Chicano and Chicana writers, including Miguel Méndez, Aristeo Brito, Patricia Preciado Martin, and Carmen Tafolla, who was living in Flagstaff during these years. I was also strongly looking forward to talk in a substantial way with this autodidact and possibly opsimath who had the Chicano audacity to fill his novels with language so antique and arcane that verily it must have been preserved in the petrified and painted desert. For example, in the closing passages of *Peregrinos de Aztlán* Méndez demands:

> *"Regresad más allá de la cruz de caminos, romped el silencio de las centurias*
> *con la agonía de vuestros gritos, veréis campos floridos donde plantasteis niños*
> *y árboles que se han bebido la savia de los siglos, árboles petrificados sin trinos*
> *y sin búhos, ahí donde moran las voces de los sucumbidos."* (184)

The apocalyptic, imperative second person plural, indeed! One needs to go back at least to Quevedo and Gracián to find such baroque *muecas* and epigrams as might be found in Méndez, or to the Bible for such august anagogy.

It was agreed that I would take an upcoming opportunity to visit Tucson to meet with him. I brought my family with me for this homey *regreso* "más allá de la cruz de caminos," and we met with Don Miguel and his family, who graciously had us in their home and fed us a wonderful Sonoran lunch. His children met my children, and we parents discussed issues such as the problem of maintaining the Spanish language in our offspring, while they discussed such weighty matters as current heavy metal. I also inspected the physical plant of the Editorial Peregrinos, which possibly endowed the concept of "casa editorial" with its original meaning. It was quickly agreed that our *casa editorial,* the Bilingual Press/Editorial Bilingüe, would distribute the works of Editorial Peregrinos, thus freeing Don Miguel not only from the cares of maintaining a publishing house, but also liberating the family room, garage, and other living space of the Méndez family from cartons of books, invoices, and *legajos.*

So, as a result of the positive crossing of our paths, we have established a strong, productive relationship between Miguel Méndez and the Bilingual Press/Editorial Bilingüe, a flowering in the desert. Here we must put in the issue of translation, the difficulty of translation, and David Foster. To date, in addition to distributing Méndez's books that have been published by other presses, we have published an edition of the original Spanish version of *Peregrinos de Aztlán*. Moreover, with the commitment of Professor David William Foster, who has masterfully addressed the challenge of translating the inimitable Méndez into English, we have published the English-language editions *Pilgrims of Aztlán* and *The Dream of Santa María de las Piedras.* We expect more to come. We are committed to Miguel Méndez, whose work is sure to continue to be a lasting component of the Chicano canon. This volume, published on the twentieth anniversary of the first publication of *Peregrinos de Aztlán,* is a *muestra* of that commitment, a collection of articles that explores the ongoing *obra* of Méndez, a sampling of a few of Méndez's works, and a continuation of the productive relationship between the author and the Press as we close our first decade together—"*más allá de la cruz de caminos.*"

And then there is the relationship between the magister and his publisher. On that first day at the crossroads in Tucson, Méndez spoke very quietly, philosophically about his experiences with Editorial Justa. He observed that he had once written a letter to Herminio Ríos, rara avis and rapscallion if there ever was one, asking for royalties due to him. The reply was, in Méndez's words, that "la obligación del autor es escribir el libro y la del editor, venderlo." My first reaction, outrage, was smothered by a sense of awe. For Méndez turned the incident into a tale or parable, agreeing with the knave in a peculiar, transcendent way. This was a lesson in endurance and commitment to his art and his literary project. The pilgrim was not to be deterred.

In my role as publisher, my attitude toward Miguel Méndez has been characterized above all by *verguënza.* Some of this is simply respect toward an eminent senior, a respectful publisher's attempt to accommodate the needs of a magisterial writer. This feeling of respect I feel or have felt toward other senior writers as well, definers or demystifiers of the Chicano *ens,* including Rolando Hinojosa and Tomás Rivera. But, hopefully never transgressing the proprieties of respectful comportment, I was always able to kid with and to kid Don Tomás, particularly about the academic topsy-turvy in which we both found ourselves immersed. And I still enjoy so much the raucous company of Don Rolando. When we go out to read together—the Rolando and Gary Show—we get into no-holds-barred riffs about film and screen personalities, literature, and border life. With Don Miguel it is different. For the first year or two I spoke to him *con el tú.* It didn't work. I gave up and now use *usted,* and I think we are both more comfortable. ¿*Verdad, Don Miguel?* I remember that once he was frustrated with how long we were taking to produce one of his books, and he gently remonstrated that we shouldn't take too long, because he was *ya poniéndose viejo* and didn't want to die without seeing it. One doesn't take lightly a reminder of that sort from a man with the moral qualities of Miguel Méndez.

Simple *respeto* toward Don Miguel is just part of it. There is this sense of outrage that I feel, of shame, for the way that the *sinverguënzas* have treated Don Miguel. And of awe for the dignity, grace and, ultimately, ease with which, over the decades, he has taken what has been dealt to him—for nothing has come easy to this man—and has fashioned himself and fashioned for himself a transcendent role in letters and life. Yes, Don Miguel is something of a father figure to me, as he must be for all Chicanos who live in the seamless macrodesert where mere cultural concepts of what is Anglo and what is Mexican seem to be reduced to shadows or silhouettes. The desert has its immanent and ceaseless project. In the desert we are immersed in a millenarian voyage across the sands and saguaros, and as our thoughts turn to final outcomes we require the services of a guide, the succor of a shepherd.

References

Bruce-Novoa, Juan D. *Chicano Authors: Inquiry by Interview.* Austin, TX: University of Texas Press, 1980.

Méndez, Miguel. *Peregrinos de Aztlán.* Tempe, AZ: Bilingual Press/Editorial Bilingüe, 1991.

Miller, Tom, ed. *Arizona: The Land and the People.* Tucson, AZ: University of Arizona Press, 1986.

Rodríguez, Juan. Review of *Peregrinos de Aztlán,* by Miguel Méndez. *Revista Chicano-Riqueña* 2, no. 3 (Summer 1974): 51-55.

Rodríguez del Pino, Salvador. "Miguel Méndez M." In *Dictionary of Literary Biography, Chicano Writers.* Ed. Francisco A. Lomelí and Carl R. Shirley. 1st ser., vol. 82. Detroit, MI: Gale Research Inc., 1989.

_____. *La novela chicana escrita en español: Cinco autores comprometidos.* Ypsilanti, MI: Bilingual Press/Editorial Bilingüe, 1982.

Miguel Méndez at a few months old with
his mother, María Morales de Méndez.

Miguel with his father,
Francisco Méndez Cárdenas.

Photo of Miguel Méndez that appeared on the
first edition of *Peregrinos de Aztlán* (1974),
when the author was 44 years old.

Miguel Méndez with his wife María Dolores Méndez,
son Miguel, and daughter Isabel Cristina.

Miguel Méndez with the Mexican writer Alberto Ruy
Sánchez in 1991 when both were awarded the Premio
Nacional de Literatura Mexicana José Fuentes Mares.

Miguel receiving the José Fuentes Mares prize from the Rector of the
Universidad Autónoma de Ciudad Juárez, Lic. Wilfrido Campbell.

II. *Interview*

ENTREVISTA A MIGUEL MÉNDEZ

Charles Tatum

C.T. ¿Quieres comentar brevemente sobre las obras que has escrito durante los últimos cinco años, sobre todo, sobre esas obras que representan las nuevas direcciones en tu escritura?

M.M. Después de una serie de siete libros que culmina con la novela *El sueño de Santa María de las Piedras,* escribí un libro para estudiantes que contiene dieciocho cuentos muy breves, siete ensayos, cosa aleccionadora, además de vocabulario y preguntas. Me resultó "bestseller" (va para la tercera edición); se titula *Cuentos y ensayos para reír y aprender.* Seguido, a partir de la década actual, año sabático de por medio, escribí tres libros: *Río Santa Cruz,* con catorce relatos, y dos novelas: *Los muertos cuentan* y *Entre letras y ladrillos.* Ah, también un poemario: *Entre arenas y cielo.* Ya completados estos libros, ando en la etapa inicial de otros que despuntan. La idea ya inherente en el mismo proceso narrativo es la de no morir literariamente. La lucha se da por lograr efectos innovativos. Renovarse o morir reza el adagio. Lo único que puedo decir al respecto es que estos últimos libros añaden a su favor el ejercicio, la experiencia, el tesón y la fantasía que crece y crece con los años. Si a mi obra modesta alguien le haya cualidades, cuanto mejor. Me toca a mí oír y callar. Pues que toda alabanza en boca propia es vituperio.

C.T. ¿Quieres comentar sobre el proceso creativo? ¿Qué diferencias hay para ti en cuanto al proceso creativo cuando escribes una novela, un poema, una obra teatral?

M.M. El proceso creativo como residente de nuestro cosmos interior se nutre de la intuición y de algunos otros elementos de corte genealógico a más de atavismos y otros motivos sombreados por el misterio, no definibles de modo cabal. Cabe decir también el que la intuición para alumbrar hondo con su luminosidad, tendría a su vez que alimentarse de conocimientos vastos, tanto del orden tangible, visuales, concretos, objetivos, como de los que se crían en lo abstracto en las ideas e imágenes subjetivas que genera la imaginación. Creo que es de justicia señalar el que la mente desde dentro y fuera del cerebro es un asesor incansable del autor. Ya puesto el proceso creativo en franca marcha, la mente drena del consciente su contenido total, para drenar luego desde lo más recóndito del subconsciente lo que el autor no sabía que guardaba en una reserva ignorada. Sin embargo, digamos que es la vocación el combustible, con su entusiasmo febril, lo que nos permite ir más allá de nuestra energía y capacidad para producir alguna modesta novela, pongamos por caso. Por último, yo diría a este respecto, que cada individuo responde a su manera, muy particularmente, a la demanda interior por escribir. Cada cabeza es un mundo. A mí me tocaba la de Cervantes Saavedra, pero ni modo, éste me madrugó con ella y sólo me tocó la humildita que porto enroscada sobre el pescuezo. Pese a que se dan múltiples definiciones de lo que es la novela en sí y todas tocan su esencia de modo parcial, creo que sé lo que es una novela porque he escrito cuatro. Por lo demás que sigan explicando al respecto aquéllos que miran a los toros desde el graderío. Mi escasa creatividad se presta más para la narrativa. No sé a ciencia cierta lo que es un poema. Yo suelo sumar versos en los que asoma el espectro de la anécdota. Como mero entretenimiento me empeño a veces por días en la cosa poética con el solo afán preconcebido de arrancarle secretos a la palabra, así discurre con mayor flexibilidad ya embarcada en la prosa. No obstante, por audacia no queda, tengo ya el poemario susodicho: *Entre arenas y cielo*. En cuanto al teatro, como que me desconcierta tanto como el zurdo al boxeador diestro. Estoy empeñado ahora en armar dos obras teatrales aún en proceso de improvisación.

C.T. ¿Qué influencias literarias o no literarias hay en tu obra reciente?

M.M. En mi obra reciente al igual que en la anterior se dan múltiples influencias subordinadas a mi único criterio. De mis experiencias y sentido de observación, más tradición oral e incontables lecturas, trato de lograr una síntesis que me abra las puertas a la individualidad, a la originalidad dicho de otro modo. Algunos críticos coinciden en que lo mío es mío. No faltan los que creen que Rulfo campea como propietario absoluto sobre todo lo rural y respectivo contenido. A García Márquez se le ha concedido en propiedad el don fabulador. Según esto no hay quien le arrebate la luna a Lorca, ni la tecolotés a Unamuno. Mi lucha, cuando escribo, es la de construir con los fragmentos resultantes de mi empeño destructivo. Estoy de acuerdo en que todo artista debe de cortar de tajo el ombligo tutelar que lo ciñe a sus maestros y averiguárselas a sí mismo, para su suerte o desgracia. Si no es original, es auténtico a medias, o ni eso. Vale el riesgo.

C.T. Algunos críticos te han criticado por salirte de la "línea que te corrresponde", línea que supuestamente se estableció en tus obras tempranas. ¿Quieres comentar?

M.M. Algunos críticos suelen confundir la calistenia con las magnolias. Fui un obrero feliz, muy fuerte y resistente. He pintado la vida y lo que contemplo con tintes intensos y rudos en algunas de mis obras, como testigo y humanista, más todavía como narrador. Expongo, reflejo el vivir de los humildes en un espejo de letras. No insinúo soluciones a tanta desgracia por no caer en la demagogia. Como escritor y maestro en las aulas, lucho a mi modo, sin otra arma que no sea el verbo sonoro o en letras. Segundas partes nunca han sido buenas. Exploro temas diversos y de intención busco y rebusco ángulos no viciados. Si acaso no lo consigo, no soy el único, y eso consuela lo mismo a vivos que a tontejos. Además, debiera haber críticos de críticos. Qué despapaye sería.

C.T. Has dicho que el escritor tiene su primer compromiso a la escritura. ¿Quieres comentar?

M.M. El buen escritor da patente de universalidad al arte de las letras. Así subsiste la obra contra los embates del viejecillo Cronos en el espacio que sea. El panfleto, necesario en algún momento dado, suele ser efímero a pesar de lo incendiario de sus consignas. El libro bien escrito cala hondo en las conciencias, dignifica a su autor y congéneres. El primer compromiso es con su escritura, con todos los riesgos o bienaventuranzas que conlleve su contenido. Por lo demás la escritura revela el sentir y pensamiento del autor con toda claridad. Si acaso algún libro produce enojo y vituperios, pues que el ofendido escriba a su deseo y placer, hay lugar, ciertamente, y momento para que brinque a la palestra el eterno enmendador potencial. Cuenta lo auténtico y espontáneo. Lo demás es güiri güiri. Para serte muy franco los críticos han sido sumamente generosos conmigo, debo más a ellos que al mismo talento que me anima. El estudioso que se ocupa de lo nuestro precisa de paciencia. Topa con variantes no comunes, por aquello de los múltiples matices que adquiere el estilo del autor, según la zona donde ubique su relato y lugar donde provenga. El idioma español se subdivide acá en tantos niveles, y éstos en tantas formas. Desde la frontera influye el español. Es el idioma inglés el que se impone en el mayor número de escritores chicanos. Lo de la calidad y señorío es otro cuento. Los lectores que leen en español se dan en número escaso.

C.T. ¿Qué es para ti la función y la importancia de la crítica y de los críticos?

M.M. Siempre ha sido determinante el trabajo del crítico, más ahora en que se imponen los medios publicitarios para hacer efectiva la propuesta comercial que sea, por medio de campañas en base a restregones visuales y sonsonetes pegajosos. Al crítico auténtico por creativo y honesto a carta cabal se debe en mucho la sobrevivencia de la literatura de calidad superior. Entre críticos al igual que entre los autores habemos de todo como en la viña del Señor. El crítico es lo que a la carreta las ruedas. La relación del crítico para con el autor y su obra, debe ser la de aquél que subraya con entereza y objetividad tanto lo que haya de excelencia como de censurable o limitado en la obra a reseñar, sin que para ello influyan ni la amistad, ni la antipatía.

C.T. ¿Crees que existen "rectores" de la literatura chicana? ¿Quieres comentar?

M.M. De que se dan tales "rectores" de la literatura no cabe la menor duda, hasta empresarios a la moda cirquera, diríamos. Empresarios rectores ubicuos, porque llevan su rectoría parlante por muchos lugares a un mismo tiempo. Son de alguna manera diseminadores de la letra chicana, para bien de ésta y de los que pretendemos hacerla. Conocen su negocio. Se las han arreglado para ponerle pies y cabeza al fenómeno literario chicano. Dictaminan con toda frescura sobre supuestas raíces, trayectoria y futuro de las letras chicanas. Arman piezas de acá y de allá para darnos una figura interesante y sólida. Alguno de éstos malabarea jerarquías caprichosamente, practica el ninguneo y se vuelve un pordiosero como aquél de Rojas González. Todo esto es bueno, crea efervescencia. Algún par de rectores de éstos, muy generosamente han servido la mesa para los escritores, pero ellos se comen el mandado. A propósito de "rectores", los tenemos dignísimos, altamente capacitados y sensibles a nuestro esfuerzo por improvisar bases en las que sustente su ascenso una literatura chicana tan buena y hermosa como la que más. Ya dirá el viejo Cronos, indiscreto y argüendero, nada se calla.

C.T. ¿Quieres comentar sobre la evolución de tu estilo y tu temática durante los últimos veinte años?

M.M. A pesar que en *Peregrinos de Aztlán* subordiné en mucho lo literario, artísticamente hablando, en favor de una novela cargada de pasión justiciera, pues no le ha ido mal al libro. En *Santa María de las Piedras* hice lo opuesto, le di vuelo a la fantasía, al folclore. Son ya once libros los que he escrito, ocho publicados. Los tres inéditos, producto del año sabático del '93, que tenía ya un tanto trazados, discurren sobre temas antes no tocados. Creo que ahora me manejo mejor con la prosa. Con tantos años de mover el abanico, justo resulta que lo aletee como un marqués. De estos tres libros, la novela *Los muertos cuentan* narra sobre tres muertos que emergen de un río norteño fronterizo, donde yacían enredados en las hendiduras de un peñasco, para ir en busca de un camposanto y descansar sus huesos en fosa bendecida y toda la cosa. Sin fluidos y apenas empellejados salen del agua por la gracia de las vírgenes del Rosario y Guadalupe: un andaluz caído en 1536, un pachuco en 1950, y un chilango del D.F. en 1992. Cada uno sale hablando a la usanza de su pueblo y época y bien que se entienden. El trío hace una fiesta lingüística. Topan el misterio, aventuras increíbles y momentos de intensa emoción. El capitalino intermedia entre los extremos del habla española desde el español arcaico al lenguaje pachuco. Al final, un cura borrachales y mugriento, de proceder humanísimo, les da cristiana sepultura con el auxilio del "Vinagres", un sacristán de antología. La otra novela: *Entre letras y ladrillos,* es en mucho autobiográfica, envuelta en un noventa por ciento de motivos inventados. Trata de mis veinticuatro años de obrero migratorio y los veinticuatro años que llevo en plan de profesor universitario, con episodios alternados desde la perspectiva de una y de la otra experiencia. Del otro libro *Río Santa Cruz,* consistente en relatos, te diré, Chuck, tiene lo suyo y en qué forma. En estos catorce relatos exploro en temas y estilos diversos con la familiaridad del pato que nada a sus anchas. Sin embargo, caminamos en rueda, de veras, confidencialmente te digo que otro "peregrinos" de motivos muy actuales como que pugna por surgir.

C.T. ¿Quieres comentar sobre los motivos nuevos en tus obras recientes y los motivos que reaparecen?

M.M. Los motivos novedosos en mi bregar por los campos de las letras tienen mucho que ver con el fluir del tiempo al que estamos sujetos temporalmente y por todo aquello que se nos va quedando en nuestro "porir", con la natural carga de nostalgia, franca alegría, y tristezas que nos sombrean por cosas trágicas que suelen ocurrir. Los motivos recurrentes son más cosa del espacio al que se ha ceñido nuestro espíritu por cuestiones de querencias y por que comprende el microcosmos que de alguna manera nos ha prohijado. De ahí que mucho del marco y trasfondo de lo que escribo se finque en este mundo donde el Desierto de Sonora impone su sello. Bien pudieran darse otros motivos recónditos, pero pues esto se alarga, Chuck, y no me siento ahora como para autosicoanálisis.

C.T. ¿Cuál es el objetivo a realizar, el más ambicioso?

M.M. Publicar en Europa, primero en España y en Italia y más allá de ser posible.

C.T. Tus obras publicadas en México han recibido mucha atención crítica. Un crítico, Evodio Escalante, ha comentado que tu novela *Peregrinos de Aztlán* es una de las novelas mexicanas contemporáneas de más importancia. ¿Quieres comentar sobre el hecho de que tú y tus obras se incluyen dentro de la literatura mexicana y también dentro de la literatura chicana? ¿Cómo es posible esto?

M.M. Pues sí, modestamente figuro dentro de la literatura dada en ambos países. No podría ser de otro modo. Casi quince años viví en el ejido, el Claro, en Sonora. Vengo de generaciones puramente mexicanas, así que mi alma es mexicanísima. Curiosamente me jacto también de figurar dentro del contexto chicano. Mero en la frontera, suspenso en el espacio dentro de un globo transparente, miro con claridad hacia los dos países donde ha transcurrido mi vida. Derivo experiencias de ambos lados como campesino, hijo de mineros, obrero, profesor universitario, lector desde siempre, imaginero y amigo de escribir desde niño por el solo gusto. No olvidar que conformamos una población que pasa de los veinte millones de habitantes de origen mexicano, amén de otros hispanoparlantes. Todavía somos en mucha parte una comunidad "minoritaria" dentro de otra predominante, asimilación evolutiva aparte. De modo es que con toda naturalidad puedo desenvolverme como escritor mexicano y también como mexicanoamericano con la potestad que dan la experiencia diversa y el conocimiento. Puede aducirse el que no debo figurar en la literatura mexicana con los privilegios a premios y reconocimientos probables de los que goza el ciudadano. Pero a mi obra literaria nadie podrá restarle su intrínseca mexicanidad, ni su auténtico chicanismo. Soy un individuo muy bien identificado con mi carácter fronterizo, con la potestad de reflejar a fondo un microcosmos que no para en cercas, ríos o murallas divisorios. Para mis humildes obras no habrá "Migra" ni previsiones oficiales de ninguna índole que les vede el paso. Somos íntegros, de aquí y de

allá se nos subdivide por mera ignorancia. No obstante, el mejor testimonio a estas asevera-
ciones será la literatura que nos revele ante el foráneo. Por ahora es todo, maestro Charles
Tatum. ¡Al alba!

UNIVERSITY OF ARIZONA

III. Works by Miguel Méndez

DON ERUDES ACADEMUS

Don Erudes Academus anda loco de contento, eufórico el hombre. La Fama y la Gloria, damas generosas, frágiles de cascos, lo traen en vuelo de un ala cada cual. Dos altos dignatarios de La Universidad Californiana lo han dejado a las puertas de su albatorre. Abre los brazos, se aplaude; ríe como niño rico en Navidad. Clama a voz en pescuezo, que es él, el más grandioso, noble y sabio de todos los lingüistas paridos y por ser engendrados. Recién acaban de homenajearlo en el simposio dedicado al legado de su obra y a él, sus más preclaros colegas, llegados a tan magno evento desde los más recónditos cubículos, sitos en las bibliotecas de las más prestigiosas universidades del mundo.

Todo lo que atañe al habla española de uno y otros continentes desde las raíces más hondas hasta el ramerío más airoso, lo puede explicar don Erudes Academus. No hay detalle, manifestación, fenómeno lingüístico, dados, que hayan escapado de su red cerebral por entre los escondrijos de siglos y siglos apilados.

Entra a su hogar, mea, se peina; le sonríe su alter ego desde el espejo brumoso, regalo de su abuela de cuando le salió el primer colmillo. Las paredes de las habitaciones de su casa están cuadriculadas con estantes. Estos a su vez habitados por libros. Contienen toda una ciudad de sabios luminosos preservados en páginas de contextos sapientísimos.

Algo muy raro acontece, la actitud de don Erudes Academus altera su rutina. Se dispone a salir ¡a las once de la noche! Toma calle abajo. Va, supuestamente a impartir su cátedra rumbo a la universidad que ostenta su brillantísima presencia. Camina inclinado, monologando, como hacen las gallinas, sólo que él caza ideas, que no insectos. El peso de sus setenta años y pico se ha concretado en un breve volcán, en lo que alguna vez fueron espaldas. En el arca siniestra calienta y humedece un voluminoso diccionario. Discurren sus pasos sobre el lomo de la banqueta, fluye su vivir sobre el espacio; pero su mente vaga ahora en una dimensión ideal donde el tiempo es perenne, sin globos rotantes, ni tictacs.

Por años había permanecido sentado, comiendo higos a dos manos e invocando a la sabiduría. A cada vez que el saber prendía nuevos descubrimientos en su cerebro revelador, escribía artículos, algún libro. Así compartía, generosamente, con estudiosos y colegas de todo el orbe, el fruto óptimo de sus investigaciones.

Don Erudes Academus no se percata de su arrobo. Su universo interior está de fiesta. Lo embelesan las memorias de sus glorias académicas. Sus pasos, no obstante, avanzan por calles oscuras, lejos de su medio habitual. Camina y camina D. Erudes; le salen ruidos a flote: palabras, gruñir de tripas, garraspeos, alguna frase arrastrada desde su nítido soliloquio . . . gracias, colegas, gracias . . . Sonríe, prorrumpe en risas colmado de alegría. No presiente siquiera que se topará de narizazo con la otra cara de su destino.

El insigne Dr. Academus se sabía esclarecedor de la morfología verbal del indoeuropeo. Su fama se extendió como chismes de estrellas de televisión cuando tocó a fondo las raíces de los dialectos mozárabe andaluz y judeoespañol. Tan bueno era para dilucidar lo que atañe al dialecto oriental hispánico, como esclarecedor del occidental sefardí. En cuanto a fenómenos menores recientemente acuñados, los explicaba con un cierto dejo guasón, por ser motivos en que a su magín ni tan siquiera se le había encendido el calentador. Entre anécdotas chuscas daba cuenta del lunfardo porteño. Según él, lo había asimilado bailando tangos, allá en los tiempos en que lucía. Del caló de Cádiz en contraste con el de Sevilla, sabía lo que un gitano señorón no ha columbrado jamás. Imitaba con acento y todo el habla callejera de los tepiteños del D.F.; se sabía al dedillo las más vulgares palabrotas, dichas y por decir, de toda geografía donde se ha hablado el español o alguno de sus derivados. Filólogos, lingüistas y toda suerte de sabios le escribían y visitaban de constante.

A la hora en que el ocaso y la noche le ponen a su amasiato los rubores escarlata, acostumbraba, D. Erudes Academus, casi con devota religiosidad, el sentarse en una silla de muy antiguo cuño para recitar Las Jarchas, trémulo de emoción. Si le fallaba la memoria, se encaramaba sobre las narizotas unos anteojos que igual le servían para leer, que para verle las lagañas al conejo de la luna.

Se detiene en seco D. Erudes, de ramalazo se entera de su situación. Ha pasado de los sesenta minutos vagando al azar, sumido hasta el greñero en la memoria de sus portentosas hazañas. Qué cosa más rara; se ve en medio de un barrio de mala muerte, amurallado entre las autopistas citadinas. Las casas viejas, pequeñas y míseras, hacen juego con los automóviles desvencijados. Por doquier sobra basura en montoncillos desperdigados, faltan prados, adornos. Se nota a leguas que a los mandamás de la ciudad, pertinentes, les importa un soberano quelite tanto desmerequetengue. Don Erudes pasa del miedo al terror entre aquellas callejas oscuras, sorteadas de gatos escudriñadores y algún perro que ladra con acento llorón. Tocó tímidamente a la puerta de una casucha de tantas. Señora, perdonad la audacia, no menor que la imprudencia, de este desvalido andante que extraviado se ha, entre estos vuestros dominios. ¡Viejo! un ruco muy fani ta in la door 'ice something en francés, no sabo understan la luenga conquiabla. Simón Sirineo, vóitelas con carbonato mi rucaila. Orale bato, qué pasadenas califas. Decíale a vuestra amante conyuge, que estas calles de ordinario simples, hánseme tornado en laberintos, por obra y magia de estas tinieblas con que encubre sus pudores la casquivana noche. Qué patada con este viernes, me apaña el chivo he spick in portulaco, maybe. ¡No os entiendo, decidme por ventura ¿qué lengua habláis? Ventura, el Cagarrutas, vive en ese chante green. Idioma, lengua ¿entiende? Oh yea, choor que yes; mi luenga carnal, pos Spanish. ¿Español? Es éste un dialecto, jerga, o jerigonza acaso, del español. Será posible, yo el doctorsísimo D. Erudes Academus ¿no conozco este variante del español? Don Erudes siguió tocando puertas; después de la quinta entró en un frenesí que ponía a su humanidad al borde del azotón. Chale ese Momis, si te vidrios no mihago mémoris, bórrate y que te vaya régules. Epale, ¡chichiscrais! las dobló este ruco.

Hubo consternación entre el vecindario. La gente celebró con risas, expresiones de compasión y alguna burleta, el habla tan chistosa del viejo estrafalario. El vocabulario del sabio filólogo les había parecido rarísimo. Variaron los pareceres: unos a que hablaba latín, otros portugués, francés, etc. La Marilú Monreal, prietita con pelo oxigenado, opinó con tono de conocedora que, el ruco, de plano era un pendejo que no sabía hablar como la gente.

A D. Erudes Academus lo llevó una ambulancia a un hospital cercano a su universidad. Volvió del desmayo, pero entró a una fiebre muy alta. No obstante, pudo responder al empleado que lo identificó plenamente. De ahí en lo sucesivo se le fue trastocando el archivero contenido en su mente, con todo el sin fin de datos que lo autorizaban como el máximo conocedor del idioma castellano y sus diversos accidentes, al través de un historial de once siglos.

Antes de empezar con el rarísimo desvarío que dejaría lelos a sus colegas visitantes, quiso que lo comunicaran con el Dr. Aguila Descalza, experto en majaderías, desde la gran Universidad de la Frontera. A pesar de que el Dr. Aguila es muy reputado en sus actividades académicas, sigue empecinado en el habla de sus mayores.

Dinstinguido colega Dr. Aguila. Simón, acá su Aguila Descalza. Bueno, es que he topado con un barrio chicano; se me ha revelado un lenguaje insospechado. Querido Dr. Aguila Descalza ¿son muchas las personas que hablan como la gente de estas barriadas? Simón mi doctorazo, millones. Qué ha pasado con esta gente, instrúyame, por favor, Dr. Descalza. Nel, es que toda la raza, carnal Erudes, se ha tenido que fajar en el jale para poder comer; así ¿cuál educación? De modo que con más de cien años sin cultivar el español en las escuelas y sin estudiar inglés, pues hablan una capirotada que para qué le cuento. Cuénteme, Descalza, cuénteme más. Descríbame todo lo que mi ignorancia me ha tenido vedado. Chale, pues es una canción esta, más vieja que el "Lulo que lulo", ése, la raza va a los méndigos empleos que sobran, los que nadie quiere. Muy pocos chavalos terminan sus estudios, eso sí, al ejército van a dar. Los reclutadores los siguen como perros, buitres, desde que empiezan a ir a la high school. Brown meat para los cañones, ése. ¿Cómo es que Ud. habla un poco como ellos? Dr. Aguila Descalza. Es que mis papacitos eran pachucones del merito barrio, ése. Pero, la gente de origen mexicano, encumbrada, ¿no les da la mano? Dr. Aguila Descalza. Unos cuantos, la mayoría los joroba más, otros pues ni se enteran de lo que pasa, y más de uno los agarra de bandera para dárselas de mesías o algo así; mientras, pos viven a toda modher, ése. Todavía peor va la cosa con el chisme de las drogas. Chale, para qué le sigo platicando. Qué tragedia, Dr. Aguila, qué aberración, yo recibiendo homenajes y premios por años y años, sin percatarme siquiera del habla de mi gente. Nunca intercedí por ellos, Dr. Aguila Descalza, ni siquiera supe percibirlos como pueblo, siendo que soy yo de origen mexicano, del meritititito Parangaricutirimícuaro. No se fije, maestro Erudes, siquiera Ud. tiene obra meritoria, no usurpa ni distinciones ni premios. La gente sabe, maestro Academus, qué lugar tiene cada quien. Es que no merezco nada, Dr. Aguila Descalza, Ud. que es rector y autoridad del arte y cultura de la frontera, lo sabe mejor que yo. De tanto saber de todo mundo, no sé nada de lo intrínsico mío. Soy un ignorante, inconsciente, me muero de vergüenza. Si Ud. quiere ayudar a los nuestros directamente, no es tarde, nunca es tarde. De modo indirecto nos ha dado ya el brillo de su nombre, el prestigio de su esfuerzo, de su genio. Ud. es un faro. Gracias por sus palabras, maestro Aguila, lo envidio a Ud. porque ahora mismo me han dicho cuánto ha logrado en favor de la juventud chicana. Me he formado en la frontera, maestro Academus, sé lo que nos necesita la muchachada. Hago lo humanamente posible por formar caracteres sólidos, que a su turno continúen nuestra obra. Ya verá, ocuparemos el sitio que nos corresponde. Bueno, bueno, le habla la enfermera que está al lado del Dr. Erudes Academus. El, se ha dormido profundamente, por favor hable en otra ocasión. El Dr. Aguila, que a pesar de su grado académico suele ser ocurrente, comentó de esta guisa: pos pa qué me llama entonces, pinche viejo, rata de biblioteca. Quesque sabio, ¡bah! sabios mis géminis.

Al querido maestro Dr. Erudes Academus, lo invadió un desconcierto que degeneró en franca confusión. El habla grosera envuelta en conceptos de doble intención salía de su lengua con pasmosa naturalidad. El, de siempre tan comedido, gentil a carta cabal, más que ofender inspiró profunda compasión. Todo al fin era efecto de su extraña locura. Sin embargo, algunas damas resintieron las alusiones picantes de D. Erudes con mohínes y rubores coléricos. Entre los caballeros, los hubo deseosos de tortearle los cachetes a D. Academus. Justo es afirmar que fueron éstos los momentos más divertidos del viejo profesor. No de otro modo lo manifestó su mirar jubiloso de niño travieso y risa ahogada de alburero ladino.

Algunos preclaros maestros provenientes de diversas facultades, del departamento de español los más, duchos todos en motivos hispánicos, hacían breves visitas al insigne sabio. A éste le aumentó la fiebre. La trepidación, el desvarío, dieron a sus escasos dientes y a su insigne lengua un raro galopar de burras locas. Perdida en lo absoluto la noción de toda lógica y razonamiento, se le trocaron conceptos y vocablos de ordinario aleccionadores y muy altamente sabios, en ideas e imágenes disparatadas. El colmo de lo absurdo se adueñó de su cerebro por obra y desgracia de su malhadada calentura.

La veterana, comentadísima doctora en garabatos, Catacumba Fuchi Fuchi, acompañada de dos ilustres profesores de andar acarretillado, discurrió en originalísimo diálogo con el postrado Dr. Academus.

—Qué le pasa, estimado colega, qué le duele.

—Ay, me duele el gerundio como si me hubieran metido un cilindro atizonado.

—Señor profesor, qué cosas dice Ud.

—Los malditos matasanos me sangolotearon de lo lindo el hipérbaton, con las sondas; tengo inflamada la hipotenusa y los glóbulos prietos. Ay me mata este calorón. Arrímame el subjuntivo, Cata, a ver si así acabo con este suplicio.

—Qué aberración, maestro querido, Dios mío qué pena. Aquí conmigo están el Dr. Pegasus y el Dr. Clavideño. ¿Qué les digo?

—Diles que chinguen a su madre, hija.

—Nos vamos, Maestro, al fin que aquí llegan el profesor Cerdín y la doctora Simbiótica.

—A esa chulada me la arriman a modo de fomentos. No se vayan, no se vayan, verán lo que les voy a platicar. Temprano estuvo por aquí D. Quijote; traía los dedos como chichis de vaca lechera. Se los quebró en un molino cuando hacía chorizo de puercos, sin agraviar a sus señorías. Al panza de yegua de Sancho Panza lo corrí por pedorro, le apesta cantidad el aliento a garbanzos. En la madrugada se me arrepechó empelota la Sor Juana. Vuélvete con el Dante, le dije, para chamuscadas sobra con estas calenturas. Me dejó los ojos enemistados. Si llega el Dr. Jeroglíficos, me lo mandan a la mierda por enfadoso. El Miguel de Unomasuno llegó diciendo una sarta de tecolotadas; le dije que se fuera a chingar a la que lo parió con todo y su tía Tula.

—Calle, Maestro, calle y descanse por el amor de Dios. Ya lo dejamos solo para que repose.

—Cuente borreguitos para que lo venza el sueño, Dr. Academus.

—Tú vas a ser el primero, Dr. Cerdín, por chivo.

—Si se tienen que ir, ni modo. Aayy qué buenas cátedras tiene la doctora Simbiótica y cómo las revoluciona. Aayy, cómo tengo ganas de deshacer el diptongo. Doña Soledad y yo, nomás no. Una compañía acogedora me cura mejor que las aspirinas. Vuelvan por favor, para discutir sobre la liberación del dulce de caña. Díganle a ese cabrón de Hernán Cortés que si vuelve a entrar, que se bañe antes; ya hiede a postre de zopilotes.

—Dr. Erudes, aquí está el decano Pocoseso, ha pasado a saludarlo.

—Bueno, bueno, dignísimo Dr. Academus, vengo a presentarle mis respetos.

—Mejor presénteme a su hermanita, para enseñarle a conjugar el presente progresivo.

—Ay, Sr. Decano Pocoseso, perdone que le hable en secreto; está en un delirio rarísimo. Váyase mejor, regrese después. Dice unas cosas . . .

—Acércate, caverna de arcaísmos; necesitas un ajuste de silabario.

—Pero . . . mi estimado.

—Estimado, mis diéresis.

—Por favor, visitantes, salgan. Soy enfermera. Voy a examinar al Dr. Academus. Dr. Academus, voy a examinarlo brevemente. No se mueva, por favor.

—Nos vamos a examinar morfológicamente mamacita, ándale, a ver cómo andas de las jarchas. Ahí tú verás si te acentúo bien las esdrújulas. No me repruebes si te pongo la tilde donde no va. Aparte de cegatón, ya sabrás, ando medio turulato. Ya no gobierno los ojos: uno ve por donde te sale el sol y el otro por donde se te mete.

—Qué bárbaro, viejo carcamán, lépero, mano suelta, mañana que lo atienda su pinche abuela.

El mañana susodicho no llegó. Quedó suspenso, tieso. Así Don Erudes Academus, búho convertido en péndulo estático, sin otra noche más, ni un solo cántico augurante.

En la década de los sesenta murió D. Erudes Academus. La memoria del hombre se volatiza como humareda. Las nuevas generaciones de estudiosos del idioma español, en todos sus virajes y vericuetos, no saben, ni les importa de su obra. Sin embargo, su nombre cabalga la leyenda. Se dice que no ha muerto, que habita e imparte cátedra en tal o cual universidad.

¿Murió o subsiste D. Erudes Academus? Si acaso ha muerto nos queda su historia, más valiosa aún, quizá, que su obra académica. Si es que vive, por suerte, y lo tropiezas a lo largo de algún pasillo o salón de lectura universitarios, salúdalo con reverencia; que si en su vida se dieron yerros, te legó experiencias, para que en la tuya se vuelvan aciertos.

CONSIDERACIONES SOBRE LA EDUCACIÓN DEL CHICANO*

El que un ciudadano constituya una célula de la sociedad nos lleva por simple lógica a definir a un grupo étnico como a un miembro de la misma.

En el caso específico de los descendientes de México en esta sociedad de los Estados Unidos, no es necesario pensar muy profundamente para enterarnos de que su sector constituye un miembro marginado puesto con toda intención a los trabajos más rudos a cambio de sueldos míseros, alternados con el desempleo eventual. Puesto que esta situación encaja perfectamente en el plano económico del gran sector dominante compuesto de inmigrantes de origen europeo en una sociedad en que el individuo tiene como principio la competencia para mayor adquisición de riquezas, educar al descendiente de mexicanos es alterar la estructura social donde ya tiene el lugar más ínfimo. Este motivo de carácter económico agregado a la sospecha de otro, racista, que obstruye la educación al chicano para preservar el mito de la superioridad del blanco, son las razones principales que explican el bajo promedio en educación del mexicanoamericano.

Al negarse la educación bilingüe a la población autóctona de los estados mexicanos ocupados, se dio una puñalada en la espalda a la educación del mexicanoamericano.

Reconstruyendo los fenómenos sociales más relevantes en la historia del chicano (incomprendidos) nos enteramos de los motivos de su anonadamiento. Paradójicamente la única fórmula para incorporar al chicano a la cultura anglosajona se hubiera logrado únicamente teniendo como puente la cultura autóctona mexicana; de otro modo al anularla, más aún, ridiculizarla en forma sangrienta se obstruye el "espíritu" o "receptividad mental" del chicano, trayendo como consecuencia, ya no la "americanización", sino una confusión que se agudiza por la atrofia cultural a que el chicano ha sido sistemática y criminalmente expuesto. Ha sido un error de muchos seudointelectuales el pensar que al vedar el cauce histórico por donde la cultura del mexicanoamericano había transcurrido por espacio de siglos, la alternativa única de la cultura anglosajona garantizaría la continuación normal en la marcha del pueblo chicano.

En sus catorce décadas de dominada, la población chicana retrocedió a estados culturales inferiores, dándose el caso profundamente dramático de que los componentes de su mayoría hayan olvidado en gran parte su idioma ancestral sin asimilar la lengua oficial del país dominante, lográndose la comunicación a base de un lenguaje híbrido inglés-español, sumamente limitado, que no favorece la conformación de ideas brillantes y mucho menos el desarrollo intelectual, puesto que también impide todo acceso a la literatura científica y artística. En los motivos expresados reside una de tantas razones que explican la actual postración del chicano.

Aceptar que la actitud de los Estados Unidos es la misma de todos los países para con sus habitantes autóctonos, incluyendo al mismo México con algunas de sus tribus indígenas, no justifica de ninguna manera tal actitud.

El mismo pecado trae la penitencia.

En el juego de valores que determinan la estructura socioeconómica de todo país, se observa que a ciertos sectores humanos se les concede la misma categoría que a las materias primas. Contemplándose tal fenómeno con objetiva frialdad, se admite que estos sectores (minorías) son una especie de combustible barato que alimenta la ciega maquinaria industrial y bélica, pero que a la postre presentan serios problemas no comunes al petróleo, hierro, carbón, energía nuclear, etc.

---

*Este ensayo data de 1976.

La población en los sectores indigentes crece en mayor proporción a otros sectores; significa esto que si en época determinada es costeable la explotación humana, con el crecimiento de la población se convierte en lastre, en rémora, obstáculo económico y opera en el organismo social como la erosión en la tierra o el moho en el hierro, por la sencillísima razón de que los "residuos" humanos no son desechables como en el caso de las materias minerales y químicas, o de la sobreproducción agrícola, papas, café, etc. Es aquí precisamente en este punto donde se plantea el grave problema que constituyen los "residuos" humanos no explotables o eliminables; cuando las leyes de beneficiencia, compensación, jubilación, en fin toda erogación que no es retornable, va limitando en parte la ganancia neta que arroja la esclavitud simulada.

Siguiendo el símil trazado al principio, es aquí donde el "corazón" del organismo social, es decir el gobierno, pone a prueba su efectividad. Algunos gobernantes de corte hitleriano y cerebro de topos se inclinan por impedir la fuga de utilidades por concepto de explotación humana, eliminando los programas de ayuda en casos de miseria extrema, obstaculizando con indiferencia la organización de trabajadores vergonzosamente robados (en particular los del campo ¡Salud César Chávez!) y al no poder llegar al genocidio para eliminar los "residuos humanos", castigan a los miembros de las minorías que delinquen hostigados por la desesperación, con la represión brutal de la policía y la justicia de los jueces, que con honrosas excepciones actúan aplicando las leyes con excesivo rigor en contra del marginado social.

Otros gobernantes (¿cuántos?) humanos e inteligentes, optan por llevar la educación superior a las masas para evitar que la base que sostiene la pirámide social se pudra.

En el caso específico del chicano es imperativo que se le devuelva su dignidad otorgándole el conocimiento de su cultura ancestral, liberando así su "receptividad mental". Solamente bajo la educación bilingüe podrían las masas chicanas alcanzar planos superiores en educación; de lo contrario sólo un número escaso de chicanos llegará a la cúspide rehuyendo todo contacto con la cultura de la pobreza. Es urgente liberar al chicano del círculo oprobioso: pobreza por falta de educación y ausencia de educación por pobreza. En una sociedad que posee riquezas fabulosas, los sectores hambrientos constituyen un verdadero cáncer.

De la población mexicanoamericana que pasa de los diez millones, miles de niños que recién asisten a la escuela son apartados como retrasados mentales por no hablar inglés; este hecho, más la torpe actitud de los maestros prohibiéndoles su idioma materno, los traumatiza a grado de alojarles la adversión a la escuela por el resto de sus vidas, y son éstos, sólo unos de los numerosos motivos que aclaran la ausencia de estudiantes chicanos en instituciones superiores. Pero ¿quiénes son los retrasados? ¿Los miles de niños en realidad normales e inteligentes, o los maestros que ignoran los métodos para educarlos? Los responsables de esta situación son las autoridades educativas más elevadas, cuando no por malicia, sí por ignorancia. Los métodos para educar a los niños chicanos deben de ser ¡bilingües! de lo contrario la educación para el chicano seguirá siendo una farsa absurda.

La educación bicultural para el chicano es urgente; no como acción de misericordia o caridad, sino como un remedio para un miembro de la sociedad "anémico"; porque la mala salud de los miembros afecta a todo organismo; y si los gobiernos o autoridades son el "corazón" del organismo social, deben irrigarlo en todas sus partes para asegurar su fortaleza, a no ser que la irregularidad en la función de los "órganos vitales" se deba en realidad a deficiencias "cardíacas".

IV. *The Professional Life of Miguel Méndez*

CURRICULUM VITAE

Personal Data

Address: Department of Spanish and Portuguese
                University of Arizona
                545 Modern Languages Building
                Tucson, AZ 85721
                Phone: 602-621-3123

Birthplace: Bisbee, AZ
Birthdate: June 15, 1930

Education

Six years of formal instruction in El Claro, Sonora, México (1936-1942)

Employment

1986-Present   Professor, Department of Spanish and Portuguese, University of Arizona, Tucson, Arizona.

1974-1986   Part-time Visiting Lecturer, Department of Spanish and Portuguese, University of Arizona, Tucson, Arizona.

1970-1986   Full-time Instructor, Pima Community College, Tucson, Arizona.

Awards

Certificate of Appreciation in Poetry, presented by Superintendent of Public Instruction M. Shoftall, 1973.

Honored guest at reception where *Peregrinos de Aztlán* was presented to the public; presented a talk on the novel *Peregrinos de Aztlán* and the development of Chicano literature at the 54th annual convention of the American Association of Community and Junior Colleges, Washington, D.C., 1974.

Professional Recognition Award for outstanding activities supporting achievement of district goals, Pima Community College, 1977-1978.

Certificate awarded by the students of Spanish 205 class, 1978.

Faculty Recognition Award for outstanding contributions to Pima College and the community of Tucson, Arizona, Tucson Trade Bureau, 1980.

Plaque awarded by the students of Spanish 102 class in the Fall Semester, 1980.

Certificate in appreciation of ten-year service to Pima Community College, 1980.

Honorable mention for "Muerte y nacimiento de Manuel Amarillas," *Plural de Excelsior* international literary contest, 1981.

Issue dedicated to the works of the author, *La Palabra* literary magazine (Arizona State University), March 1982.

Honorary degree of Doctor of Humane Letters, University of Arizona, 1984.

José Fuentes Mares National Literature Prize (México), presented at dual ceremonies at the Universidad Autónoma de Ciudad Juárez, Chihuahua, México, and New Mexico State University, Las Cruces, 1991.

Arizona Commission on the Arts literature fellowship recipient, 1992.

Honorable mention by the Tucson/Pima Arts Council for literary merit, spring 1993.

Inclusion in the annual Miller Brewing Company calendar dedicated to prominent Hispanics, 1994.

Special issue of *The Bilingual Review/La Revista Bilingüe* (Sept.-Dec. 1994) dedicated to the author in honor of the twentieth anniversary of the publication of *Peregrinos de Aztlán.*

Inclusion in *Who's Who among Hispanic Americans*, Gale Research, Inc., 1994.

Inclusion in *2000 Notable American Men*, Biographical Institute, Inc., Raleigh, NC, 1994.

Courses Taught

1970-1986, Pima Community College
>Novel of the Revolution / Novela de la Revolución
>Creative Writing / Literatura creativa
>Intensive Spanish for Native Speakers / Español intensivo para nativos

1974-Present, University of Arizona
>Life and Culture of the Mexican American
>Chicano Literature
>Latin American Literature
>Creative Writing (Guadalajara)

Spanish American Civilization
Composition (Spanish, Bilingual)
Creative Writing (Spanish)
Mexican American Narrative
Written and Oral Skills (Bilingual)

Service and Professional Activities

Conferences

1970   Keynote address at the Simposio de literatura chicana, San Diego State College.

1973   Paper on *Peregrinos de Aztlán* presented at the Simposio de literatura chicana, San Diego State University.

1973   Poetry reading at the Simposio de literatura chicana, Comité de Asuntos Colegiales y Universidad Autónoma de México, México, D.F., México.

1973   Paper on Mexican American literature and poetry presented at the 19th annual meeting of the Pacific Coast Council on Latin American Studies, Northern Arizona University.

1973   Poetry selection judge, State of Arizona Department of Education Statewide Poetry Selection Committee, Phoenix, Arizona.

1973   Consultant in workshop for elementary education bilingual teachers, Bilingual/ Multicultural Project, Tucson, Arizona.

1974   Co-chairperson, organizer, and presenter of the introductory address, conference on the life, literature, and cinema of B. Traven, University of Arizona.

1974   "Posibilidades literarias del autor de habla hispana en los Estados Unidos," paper presented at the annual AATSP convention, Denver, Colorado.

1975   Poetry reading at the University of California, San Diego.

1975   Keynote address, "Visions of Power in Mexican American Literature," at the Modern Language Association convention, San Francisco, California.

1977   Conference about author's works at the University of California, Santa Barbara.

1979   Conference about author's works at the University of Texas, El Paso.

1981   Lecture about author's works at the University of California, Los Angeles, by invitation of the Department of Spanish and Portuguese, February 27.

1981   Symposium about the author's works sponsored by the Arizona Humanities Council and organized by *La Palabra*, Arizona State University, Tempe, May 1-2.

1983   "Aspectos de la creación literaria," paper presented at the symposium on Chicano literature at the University of Texas, El Paso, April.

1983   Encuentro cultural Ariztlán, conference on Mexican American literature at the University of Guadalajara, México, June.

1987   "Aspectos de la literatura fronteriza," Encuentro sobre la narrativa contemporánea del norte de México, Hermosillo, Sonora, México.

1987   "Las letras y el mundo fronterizo," talk given to Club de Mujeres Profesionistas y de Negocios and Asociación Médica de Nogales, Sonora, México.

1988   "La narrativa oral, el estilo y otras elucubraciones," Second Faculty Colloquium, University of Arizona.

1988   "La literatura chicana como experiencia personal," paper presented at Arizona State University West and Glendale Community College.

1988   "Sobre el espacio literario y las características del lenguaje fronterizo," paper presented at inaugural symposium, Hispanic Research Center, Arizona State University.

1988   "Detalles y motivos de la literatura fronteriza," paper presented at Quinto Simposio Internacional, San Diego State University.

1988   "El espacio y el tiempo en la literatura de la frontera," paper presented at Encuentro Literario José Fuentes Mares, Universidad Autónoma de Ciudad Juárez, Ciudad Juárez, Chihuahua, México.

1989   "La literatura de la frontera," conference at the Universidad Autónoma de Ciudad Juárez.

1989   Poetry reading at the Poetry Center, University of Arizona.

1989   Presentation of the novel *Peregrinos de Aztlán* (3rd edition, Ediciones Era), at the Palacio de Minería, México, D.F., by Jorge Aguilar Mora, Héctor Manjarrez, and the author.

1989   Interview on TELEVISA by Stashia de la Garza.

1989   Reading of the story "El tío Mariano" at the symposium El español en los Estados Unidos, University of Arizona.

1989   "Letras fronterizas," paper presented at the symposium Text and Context in Mexican Literature, Film, and Theater, Arizona State University.

1989   Interview on the program "Eco" of TELEVISA by Sylvia Lemus, Phoenix, Arizona.

1989   Presentation of the novel *Peregrinos de Aztlán*. (Ediciones Era) by the Universidad de Sonora in conjunction with the Colegio de Sonora by Gerardo Cornejo, Paco Luna, and the author.

1990   "Tradiciones y motivos de la narrativa fronteriza," Colmena Hispana Universitaria and Department of Foreign Languages, Fresno State University.

1990   Moderator of the round table Literatura de la frontera; presented the paper "La narrativa oral, el estilo y otras elucubraciones," Rocky Mountain Latin American Studies Association meeting, Tucson, Arizona.

1990   Reading of the unpublished story "Roque Ruelas" at the National Association for Chicano Studies conference, Albuquerque, New Mexico.

1990   Television talk show on Channel 44; coordinator: Carlos Ortigoza, Quinto Encuentro Nacional de Escritores en la Frontera Norte, Universidad Autónoma de Ciudad Juárez.

1990   Television presentation on Chicano literature, Channel 6, Hermosillo, Sonora, México.

1990   Interview by Sergio Romano, Radio Sonora, Hermosillo, Sonora, México.

1990   "Identidad nacional, seminario de la cultura mexicana," Hermosillo, Sonora, México.

1990   "Cosas de mi vida literaria," Casa de la Cultura, Hermosillo, Sonora, México.

1990   Reading for the première of the play *Los jovenazos de la era N* by the theatrical company Caita, with commentary by the author.

1991   "TV universitario," panel member, Encuentro nacional de escritores de la frontera, Universidad Autónoma de Ciudad Juárez, Chihuahua, April. On the same occasion, also gave a radio address and a talk at a secondary school.

1991   Participant in the XIII Coloquio Nacional sobre las Literaturas Regionales de México, Hermosillo, Sonora, April 23-26.

1991   Participant in the annual conference of the National Association for Chicano Studies, Hermosillo, Sonora, México.

1992   Judge in the official literary contest sponsored by the government of the state of Sonora, México.

1992   Special guest writer at Michigan State University, October; participated in the round table "Columbus, the New World, and the Modern Imagination," gave a lecture on Chicano literature, led a workshop on creative writing for graduate students, and gave talks at five elementary and secondary schools.

1992 Gave a one-week series of talks on literary topics to 300 secondary school teachers at Northern Arizona University, Flagstaff, summer.

1993 "Jornadas de la literatura de la frontera," symposium, San Luis Río Colorado, Sonora, México, March.

1993 Judge in the twelfth annual Torneo de Ortografía, Tucson Unified School District, Arizona, March.

1993 "Writing the Border," paper presented at the symposium Inventando las Fronteras sponsored by the University of Arizona and El Colegio de la Frontera Norte (México), April.

1993 "El tema es la mujer," lecture presented at the forum Mujer e identidad en la frontera, Nogales, Sonora, México, May.

1993 "Confluencia en Colorado," paper presented at the conference Nociones sobre la literatura chicana, University of Northern Colorado, Greeley, June.

1993 "Repasos sobre la literatura de Miguel Méndez," lecture presented at Arizona State University, Tempe, June.

1993 "Microhistoria y literatura," presented at the VI Simposio de Historia del Noroeste, Hermosillo, Sonora, México, December.

Intramural Service at the University of Arizona

1992-1993 Spanish and Portuguese Chair Search Committee
Critical Language Program, College of Arts and Sciences
Mexican American and Mexican Literature and Culture
Bilingual Programs
Colloquia Committee

1991-1992 Mexican American and Mexican Literature and Culture
Bilingual Programs
Critical Language Program, College of Arts and Sciences
Promotion and Tenure Advisory Committee
Colloquia Committee

1990-1991 Bilingual Programs
Critical Language Program, College of Arts and Sciences
Mexican American and Mexican Literature and Culture

1989-1990 Faculty Promotion and Tenure Committee Member
Mexican American and Mexican Literature and Culture
Bilingual Programs
Critical Language Program, College of Arts and Sciences

1988-1989   Membership on Departmental Committees
             Faculty Promotion and Tenure Committee Member
             Mexican and Mexican American Literatures
             Bilingual Programs
             Critical Language Program, College of Arts and Sciences

Publications

1969   "Tata Casehua" and "Taller de imágenes, pase," *El espejo*, Quinto Sol Publications.

1970   "Steelio," *Siempre* magazine, México, D.F.

1973   Director of *Llueve Tlaloc* (Tucson, AZ), 1st issue. [*Llueve Tlaloc* is a Pima Community College-sponsored bilingual literary magazine that includes the creative writing of PCC students.]

1973   Article about *Peregrinos de Aztlán*, *Mester*, Department of Spanish and Portuguese University of California, Los Angeles, literary journal.

1974   Director of *Llueve Tlaloc*, 2nd issue.

1974   *Peregrinos de Aztlán*, Editorial Peregrinos, Tucson, Arizona.

1975   "Lluvia" and "Little Frankie," *Revista Chicano Riqueña*, Indiana University Northwest.

1975   "En torno a la poesía," *Inscape*, Baleen Press, Phoenix, Arizona.

1975   Director of *Llueve Tlaloc*, 3rd issue.

1976   *Los criaderos humanos y Sahuaros*, Editorial Peregrinos, Tucson, Arizona.

1977   Director of *Llueve Tlaloc*, 4th issue.

1978   "La alienación en la literatura chicana," *Mestizo*, Pajarito Publications, Albuquerque, New Mexico.

1978   Director of *Llueve Tlaloc*, 5th issue.

1978   *Peregrinos de Aztlán*, 2nd edition, Justa Publications, Berkeley, California.

1978   *Cuentos y mitos de dominio público*, Pima Community College, Tucson, Arizona.

1979   Director of *Llueve Tlaloc*, 6th issue.

1979   *Cuentos para niños traviesos*, English/Spanish bilingual edition, Justa Publications, Berkeley, California.

1980   Director of *Llueve Tlaloc*, 7th issue.

1980   *Tata Casehua y otros cuentos*, Justa Publications, Berkeley, California.

1980   Interview of Miguel Méndez in *Chicano Authors* by Juan Bruce-Novoa, University of Texas Press, Austin and London.

1981   Director of *Llueve Tlaloc*, 8th issue.

1981   "Doña Emeteria," in *Mosaico de la vida*, Harcourt Brace Jovanovich, New York.

1981   "Ambrosio Ceniza," *Areito Revista Literaria* (New York), Vol. 25.

1981   "Tata Casehua," in *Chicanos, Antología histórica y literaria*, Fondo de Cultura Económica, México, D.F.

1982   Director of *Llueve Tlaloc*, 9th issue.

1983   Director of *Llueve Tlaloc*, 10th issue.

1983   Poem "Añoranza ," *Nuestra Voz*, Tucson, Arizona.

1984   "Mister Laly," *Nuestra Voz*, Tucson, Arizona.

1984   "Los viejos mexicanos de los EE.UU.," *Nuestra Voz*, Tucson, Arizona.

1984   Director of *Llueve Tlaloc*, 11th issue.

1984   Poem "El río y la vida," *Tucson Weekly*, May.

1984   Poem "Sonora de mis amores," *Nuestra Voz*, Tucson, Arizona, May.

1984   "Juanrobado," *Palabra Nueva, Cuentos Chicanos*, Texas Western Press, El Paso.

1984   "El bolerito bilingüe," *Sahuaro*, Mexican American Studies and Research Center, University of Arizona.

1986   *El sueño de Santa María de las Piedras*, University of Guadalajara, México.

1986   *De la vida y del folclore de la frontera*, Mexican American Studies and Research Center, University of Arizona.

1986   "Tata Casehua," in *Cuéntame uno*, Colegio de Sonora, Hermosillo, Sonora.

1986   "Observaciones sobre la literatura fronteriza," Renato Rosaldo Lecture Series Monograph, Mexican American Studies and Research Center, University of Arizona.

1987   Chapter from *El sueño de Santa María de las Piedras*, in the literary supplement of *El Sonorense*, Hermosillo, Sonora, México.

1987   "Doña Emeteria," in the literary supplement of *El Imparcial*, Hermosillo, Sonora, México.

1987   Interview by Guadalupe Aldaco in *El Imparcial*.

1987   Editor of *Saguaro*, Vol. 4, Mexican American Studies and Research Center, University of Arizona.

1988   *Cuentos y ensayos para reír y aprender, lecturas para estudiantes*, self-published.

1988   "Tata Casehua," in *Antología retrospectiva del cuento chicano*, Editorial Conapo, México.

1988   *Peregrinos de Aztlán* (extracts), in *Antología de escritores chicanos*, Universidad Nacional Autónoma de México, México, D.F.

1988   "Huachusey," *Entorno*, Universidad Autónoma de Ciudad Juárez.

1988   Poem "Corona de Piedras," Mexican American Studies and Research Center, University of Arizona.

1988   *Cuentos y ensayos para reír y aprender* (extract), *El Imparcial*, Hermosillo, Sonora, México.

1989   *Peregrinos de Aztlán*, 3rd edition in Spanish, Ediciones Era, México, D.F.

1989   *The Dream of Santa María de las Piedras*, Bilingual Press, Arizona State University, Tempe.

1990   *Los criaderos humanos* (extracts), *Antología de literatura chicana*, University of Florence, Italy.

1990   *Cuentos y ensayos para reír y aprender* (extract), *El Imparcial*, Hermosillo, Sonora, México.

1991   Monograph *Don Camilo José Cela, un encuentro*, Universidad Autónoma de Ciudad Juárez, México.

1991   *Que no mueran los sueños* (National Award of Mexican Literature 1991), Ediciones Era, México, D.F.

1991   *Peregrinos de Aztlán*, 4th edition, Bilingual Press, Arizona State University, Tempe.

1992   *Pilgrims in Aztlán* (English translation of *Peregrinos de Aztlán*), Bilingual Press, Arizona State University, Tempe.

1993   *El sueño de Santa María de las Piedras,* 2nd edition, Editorial Diana, México, D.F.

Reviews of the Author's Works

Julio Sosa Ballesteros, "*Peregrinos de Aztlán,* la novela que todos deben leer," *Revista Secundaria* (Academia de la Especialidad de España en Sonora), México, 1977.

María Mercedes Johnson, "El tema del destierro en *Peregrinos de Aztlán,*" Ph.D. diss., St. Louis University, 1982.

María Eugenia Gaona, "*Peregrinos de Aztlán,*" in *Antología de la literatura chicana,* Universidad Nacional Autónoma de México, México, D.F., 1986.

Guadalupe Aldaco, "Entrevista a Miguel Méndez," *Dominical* (literary supplement), *El Imparcial,* Hermosillo, Sonora, México, 1987.

Kjell Johansson, "Miguel Méndez Flyttade Från USA till Mexiko till USA: Gränsen är ett vidsträckt område Dagens Nyheter," Stockholm, Sweden, August 1988.

Christian Lerat, "Problématique de la survie et de la Renaissance dans *Tata Casehua* de Miguel Méndez," Presses Universitaires de Bordeaux, France, 1988.

Rubén Vargas Portugal, "Peregrinación de la esperanza," *El Nacional,* México, D.F., 1988.

Guadalupe Aldaco, "Crítica y cultura *De la vida y del folclore de la frontera.* De la inevitable confluencia de la pasionalidad y la razón," Colegio de Sonora, Hermosillo, Sonora, México, 1989.

José Manuel Di-Bella, "Crónica de una miseria ontológica," *Revista Semanal, La Jornada,* México, D.F., 1989.

Gustavo García, "Las voces de Aztlán," *Sábado, Unomásuno,* México, D.F., 1989.

Héctor Manjarrez, "*Peregrinos de Aztlán* convertido ya en clásico," *El Nacional,* México, D.F., 1989.

Héctor Manjarrez, "*Peregrinos de Aztlán.* Entre bellezas y crueldades," *Novedades* (cultural supplement), México, D.F., 1989.

Carlos Martínez Rentería, "*Peregrinos de Aztlán* se presentó en la feria," *El Universal,* México, D.F., 1989.

Federico Patán, "Historia de un desarraigo," *Revista de la Universidad Nacional Autónoma de México*, México, D.F., 1989.

"*Peregrinos de Aztlán*," *La Jornada de los Libros* 216, 11 March 1989, p. 1.

Martín Piña, "Paraíso e infierno en *Santa María de las Piedras*," Universidad de Sonora, Hermosillo, Sonora, México, 1989.

José Promis, "El programa narrativo de Miguel Méndez," *Revista Chilena de Literatura*, Santiago, Chile, 1989.

Vicente Francisco Torres, "*Peregrinos de Aztlán*, por fin en México," *Sábado*, *Unomásuno*, México, D.F., 1989.

Ignacio Trejo Fuentes, "*Peregrinos de Aztlán*," *Sábado*, *Unomásuno*, México, D.F., 1989.

Arturo Flores, "Compromiso y escritura: Miguel Méndez y la imagen referencial," *Confluencia*, University of Northern Colorado, Greeley, Colorado, 1990.

María Antonieta Mendivil, "Miguel Méndez, una literatura sin fronteras," *Mucho Gusto*, Hermosillo, Sonora, México, 1990.

"Le poesie di Miguel Méndez," *Antologia di poeti chicani*, *Sotto il Quinto Sole*, Passigli Editori, Florence, Italy, 1990.

Vicente Francisco Torres, "El paisaje norteño en algunos narradores mexicanos," Proceedings of the Encuentro nacional de escritores en la frontera norte, 1990.

THE UNIVERSITY OF TEXAS AT SAN ANTONIO

SAN ANTONIO, TEXAS 78285

512-732-2141

COLLEGE OF MULTIDISCIPLINARY STUDIES
Office of the Dean

November 4, 1974

Dr. Miguel Mendez M.
Pima Community College, J-3
Tucson, AZ   85709

Estimado Miguel

He recibido tu carta y tu libro. Como te puedes imaginar he estado
muy ocupado en distantas cosas que no he tenido tiempo de leerlo en
su totalidad. Pero lo haré. Lo que he leído me ha gustado mucho,
Miguel. Siempre que estoy leyendo recuerdo de cuando nos conocimos
en Tucson y la buena platicada que nos hechamos. En Mexico, hace
más de un año ya (agosto '73), nomás no tuve la oportunidad de
haberme sentado, agusto contigo para hecharnos una buena platicada.
Andube con demasiada prisa y luego que traía una muela infactada,
pero bueno esas son cosas de la vida. A ver si en Denver nos
juntamos un rato y nos tomamos unas heladas.

Regresando a tu libro. Primero, te quiero felicitar en empeñarte
a que saliera, luego te quiero felicitar porque salió, y tercero,
porque representa en mi estimación un talento único. Sigue
escribiendo Miguel, que todos los Chicanos necesitamos más de tu
pensamiento y talento.

Bueno, pues, a ver si nos vemos en Denver en la AATSP.

un abrazo,

Tomás

jap

REAL ACADEMIA

ESPAÑOLA

Palma de Mallorca, 18 de julio de 1983

Sr. Don Dr. Gilbert E. Evans
Dept. of Spanish & Portuguese
The University of Arizona
TUCSON, Arizona 85721

Distinguido doctor Evans,

He sabido que la Universidad de Arizona se propone conferir
un doctorado "honoris Causa" al insigne escritor chicano don Miguel Méndez M. y quiero con estas breves líneas señalarle mi adhesión y entu-
siasta apoyo a esa iniciativa. El señor Méndez es un escritor que, tanto en prosa como en verso, alcanza cotas muy elevadas y sus libros son
dignos de ocupar un puesto más que notable en cualquier literatura.
Son ya, de hecho, un rico patrimonio universal. Pero, además, tiene el
inmenso valor añadido de ser representación genuina de un pueblo que ha
logrado hacer sobrevivir su cultura propia a través de años y años de
sufrimiento y dificultades, rodeados de un ambiente especialmente difícil para mantener esa supervivencia. Precisamente, el trabajo de los
escritores chicanos -y entre ellos el de Miguel Méndez en primerísimo
lugar (obras como <u>Peregrinos de Aztlán</u> o <u>Tata Casehua</u> lo avalan)-, ha
sido y será el pilar básico en que se asienta tal supervivencia.

2

REAL ACADEMIA

ESPAÑOLA

Quiero pues reiterar mi admiración y respeto por la persona y la
obra de don Miguel Méndez M. e insistir, tantas veces como fuere necesario, en mi apoyo incondiconal a la propuesta de que se le con-
fiera el doctorado de esa Universidad de la tierra que él tanto ama
y tan bien ha sabido trasladar a sus páginas.
Un saludo muy cordial de su afectísimo,

Camilo José Cela

REAL ACADEMIA
ESPAÑOLA

Palma de Mallorca, 14 de setiembre de 1986

Sr. D. Miguel M. Méndez
2002 calle Campana de Plata
Tucson, Arizona 85745
(EE.UU.)

Mi querido amigo,

Gracias por su libro El sueño de Santa María de las Piedras, que es muy hermoso y refleja con muy eficaz maestría ese
mundo apasionante; le felicito con toda sinceridad. Como la vida
se rige por casualidades e incluso por paradojas, me llega en los
momentos en que escribo una nueva novela, Cristo versus Arizona,
cuyo confuso escenario no es muy lejano al suyo; confío en poder
enviársela antes de un año.

Hago llegar los dos ejs. que me envía a dos críticos sol-
ventes; si veo algo ya se lo enviaré.

Un fuerte abrazo de su compañero y amigo,

SECRETARIA
DE
EDUCACION PUBLICA.

DEPTO. DE ESCS. RURALES,
PRIM. FORANEAS
E I. C. I.

Escuela Rural Federal
"TRECE DE JULIO"
El Claro, Santa Ana, Son.

ESTE DOCUMENTO NO ES VALIDO SI LLEVA RASPADURAS O ENMENDADURAS.

El que subscribe, Director... de la Escuela _RURAL_
FEDERAL 13 DE JULIO

(PRIMARIA, RURAL O DE CIRCUITO)

ubicada en la .... calle de ....
número ...., de _ESTE LUGAR_ .... y perteneciente
a la Inspección de la _1ª_ Zona _ESCOLAR_ ,

CERTIFICA: que según comprobantes que obran en el ar-
chivo de este Plantel, _EL_ alumn_o_ _MIGUEL MENDEZ M_
en las pruebas verificadas el día _17_ del mes de _JUNIO_
de 19_42_ fué aprobad_o_ en las asignaturas correspondientes
al _4º_ año, terminando así su educación _PRIMARIA_ .

Y en cumplimiento de las prescripciones legales, ex-
tiende el presente CERTIFICADO DE _EDUCACION PRIMARIA ELE-
MENTAL_, en _EL CLARO_ a los _VEINTICINCO_ días del mes de
JUNIO de mil novecientos _CUARENTA Y DOS_ .

EL DIRECTOR,

Conforme.

El Inspector de la Zona,

Registrado bajo el número _3265_
folio número _52_ del libro _respectivo_
Hermosillo, Son. a 3 de Junio de 19_42_

Vo. Bo.
EL DIRECTOR DE EDUCACION FEDERAL,

DIRECCION FEDERAL
DE EDUCACION
HERMOSILLO, SON.

UNIVERSITY OF ARIZONA

THE ARIZONA BOARD OF REGENTS BY VIRTUE OF THE AUTHORITY VESTED
IN IT BY LAW AND ON RECOMMENDATION OF THE UNIVERSITY FACULTY
DOES HEREBY CONFER ON

MIGUEL MENDEZ

THE DEGREE OF

DOCTOR OF HUMANE LETTERS

WITH ALL THE RIGHTS, PRIVILEGES AND HONORS THEREUNTO APPERTAINING.

GIVEN AT TUCSON, THIS TWELFTH DAY OF MAY, 1984.

GOVERNOR OF ARIZONA

PRESIDENT OF THE UNIVERSITY

PRESIDENT OF THE BOARD

SECRETARY OF THE FACULTY

V. Works about Miguel Méndez

MITO Y REALIDAD SOCIAL EN
PEREGRINOS DE AZTLÁN

Luis Leal

En *Peregrinos de Aztlán* Miguel Méndez ha sabido dar forma a una compleja realidad social y ambiental a través de la intertextualidad entre lo real y lo mítico. El mito y la realidad—ya social, ya ambiental—se entretejen para estructurar la trágica historia del pueblo indígena que se refugia en la urbe fronteriza donde sólo encuentra la miseria y la muerte.

El título de la obra nos introduce de inmediato a un mundo mítico heredado por el indígena contemporáneo (y el chicano) de sus antepasados, los aztecas. Aztlán es una metáfora que representa no solamente el lugar de origen, sino también el edén abandonado para ir en busca del lugar prometido por los dioses. En Aztlán los mexica "gozaban de mucha cantidad de patos de todo género, de garzas . . . gallaretas; gozaban del canto y melodía de los pajaritos . . . gozaban de gran frescura y arboledas . . . pero después que salieron de allí a la tierra firme y dejaron aquel delicioso lugar, todo se volvió contra ellos" (Durán, I, cap. 27).

El eje temático central en *Peregrinos de Aztlán* es precisamente el deseo de recobrar ese mundo ahora convertido, al otro lado de una ficticia línea limítrofe, en un verdadero paraíso terrenal construido sobre los hombros de los peregrinos que regresan en busca del lugar abandonado. Los gloriosos antepasados de Bobby, leemos, estaban "predestinados por el Señor a fundar un paraíso en tierras de Aztlán" (127). La realidad social que encuentran los peregrinos de Méndez, y en verdad miles de inmigrantes, es muy distinta; es, en verdad, trágica. El desarrollo de esa tragedia es lo que da no solamente tensión dramática a la novela, sino también interés social.

Ya los críticos han observado que los peregrinos en la novela de Méndez no se dirigen hacia el sur, como lo hicieran los antiguos aztecas, sino a la inversa, hacia el norte. En la literatura mexicana es común la recreación del mito de la peregrinación, que ya se encuentra en los códices prehispanos. De interés para nosotros es la versión ofrecida por Gaspar Pérez de Villagrá en su *Historia de la Nueva México* (1610), en la cual dedica los dos primeros cantos a relatar el origen de los aztecas, que según él salieron de las regiones hoy llamadas Aztlán. Dice el cronista poeta:

> Destas nuevas regiones es notorio,
> Pública voz y fama que descienden
> Aquellos más antiguos mexicanos
> Que a la ciudad de México famosa
> El nombre le pusieron porque fuese
> Eterna su memoria perdurable. (5)

En la literatura mexicana del siglo veinte Gregorio López y Fuentes recreó la peregrinación mítica de los aztecas en la novela *Los peregrinos inmóviles* (1944). Estos modernos peregrinos, como sus antepasados, van en busca de una tierra mejor: "Íbamos para la tierra de la abundancia: así lo había asegurado el águila, y llevábamos el camino de la seguridad" (97).

Le tocó a un novelista chicano fronterizo, Miguel Méndez, recrear el nuevo mito, el de recobrar el paraíso terrenal abandonado por los antiguos aztecas en el antiguo Aztlán. La causa de la peregrinación azteca fue mítica: el mandato de los dioses, al cual Pérez de Villagrá se refiere en su poema épico en los versos siguientes, según los cuales la tribu tiene que "hacer asiento" en un "duro y sólido peñazco / de cristalinas aguas bien cercado" donde

> Viéredes una tuna estar plantada,
> Y sobre cuyas gruesas y anchas hojas
> Una águila caudal bella, disforme,
> Con braveza cebando se estuviese
> En una gran culebra que a sus garras
> Veréis que está revuelta y bien asida,
> Que allí quiere se funde y levante
> La metrópoli alta y generosa
> Del poderoso estado señalado,
> Al cual expresamente manda
> Que México Tenochtitlán se ponga. (12)

En *Peregrinos de Aztlán* las causas de la peregrinación del protagonista, Loreto Maldonado, y sus compañeros yaquis a través del desierto, en cambio, son tanto míticas como sociales. "Me ganó la imaginación y vi en peregrinaje a muchos pueblos de indios hollados por la tortura del hambre y la humillación del despojo, recorriendo a la inversa antiguos caminos en busca del origen remoto" (102). Conociendo el mito de la existencia de Aztlán, el lugar de origen, paraíso terrenal en una isla donde la gente no envejece, hacia allá se dirigen esos nuevos peregrinos, ilusionados por el recuerdo de ese mito: A los hechiceros de Moctezuma, enviados por el tlatoani en busca de sus orígenes, les dice la diosa Coatlicue:

> Nuestros padres moraron en aquel feliz y dichoso lugar que llaman Aztlán, que quiere decir blancura; en ese lugar hay un gran cerro, en medio del agua [que] tiene esta virtud, que el que ya viejo se quiere remozar, sube hasta donde le parece y vuelve de la edad que quiera. (Durán, I, cap. 27)

Pero los yaquis de Méndez, que han sido arrojados de sus tierras por los que traicionaron la Revolución no protegiendo ni al campesino ni al indígena, abandonan sus tierras empujados no sólo por el mito, sino también por el hambre: "A pesar del terrible drama de sus vidas, tenían la actitud noble de los que han acariciado a la tierra como a una madre; habían ganado la Revolución y se les pagaba con hambre. . . . El hambre desesperada, que saltando de las crónicas, se ha echado por las carreteras que llevan hacia el norte" (50-51). Van en busca de una mejor vida, que creen encontrar en los Estados Unidos, el nuevo paraíso terrenal, resultado de los grandes triunfos en la agricultura y la industria. El mito se enfrenta a la realidad social en esa zona fronteriza, en ese mundo al cual no tienen acceso los peregrinos hambrientos. "No a la conquista del oro van estos hombres escuálidos, caminando a noche y día; los lleva la demanda vital de proteínas. Cientos de miles invaden la frontera con los E.E.U.U.; en el trayecto van sembrando sus voces como una enredadera de lamentos" (51).

Ese mundo al cual se dirigen los peregrinos de Méndez, ese espacio físico a ambos lados de la frontera política entre México y los Estados Unidos, es un mundo en el cual se enfrentan ambientes muy diversos: el rural en el desierto y en los campos algodoneros; el urbano, en una ciudad que podría ser Tijuana; el del Valle Imperial de California, en donde se contrapone la vida superabundante de los proprietarios de las tierras y la miserable de los campesinos mexicanos, en donde los primeros viven en casas con clima artificial y en donde los otros se queman las espaldas al sol vivo. Es un mundo, en fin, donde todos los personajes son víctimas o victimarios, en ambos lados de la frontera.

El modo de vida de Loreto, símbolo de los desamparados, y la de Chuco, una de las víctimas, no es el producto de la casualidad, sino más bien el resultado de una economía que los mantiene marginados y, en vez de remozarse, como los aztecas míticos, mueren arrojados al basurero, como despojos humanos. En el campo, a los jornaleros no les ayudan los nuevos adelantos que la tecnología ha inventado para acelerar la producción agrícola; tampoco les aprovechan los aparatos de aire acondicionado, y menos los adelantos técnicos de la ciencia médica. Dice el buen Chuco: "Pos se lo acaban a uno y ya ni camello [trabajo] le dan" (27). La imagen por medio de la cual se capta el estado de agotamiento del Chuco es apropiada, ya que se le compara con un objeto inanimado: "Cuando uno ya no da el ancho pos es como un fierro gastado" (29).

Antes de llegar al deseado paraíso, los peregrinos tienen que cruzar el desierto (acción mítica), el cual estimula su imaginación de lo que será el norte, y es además un aguijón que los impulsa a seguir adelante a pesar del cansancio, el calor, el hambre y la sed: "Me ganó la imaginación y vi en la cósmica soledad del desierto Sonora Yuma, la República que habitaríamos los espaldas mojadas, los indios sumidos en la desgracia y los chicanos esclavizados" (101). La peregrinación ya no es histórica, es mítica. "La raza nómada de los pies llagados de siglos de peregrinación, tendría por fin un techo nimbado de bienaventuranza; de la inmensidad de los arenales nacería el pan como una gracia" (101-2).

Esta visión es el resultado del concepto que Méndez tiene del desierto como otro mito. El desierto alimentará al indio y al chicano. Es el sueño hermoso de un oasis donde abundan los alimentos y donde la vida es placentera. La imagen de ese acogedor desierto la crea Méndez con palabras poéticas puestas en boca del bardo Lorenzo Linares:

> Lorenzo Linares, mi amigo, era un torrente de alegría y de dolor, encauzado en un río de añoranzas. Quiso florecer el desierto con poemas; avanzó extasiado a plantarlo de metáforas verdes y fuentes con surtidores de letras policromadas: su sangre roja, lagos, junglas y los vívidos iris de su fantasía. (163)

Esa visión mítica del desierto se desvance de inmediato al ponerse el peregrino en contacto con la realidad social: "Yuma . . . Arizona. . . . ¡Cómo te ensañas en mi raza! Sudarios en los algodonales, calvarios de lechugas. ¡Viñedos rebozando de lágrimas!" (163).

Ese destino lo encuentran los peregrinos también en la urbe, donde se refugian con la esperanza de mitigar los rigores del desierto y los campos algodoneros. Pero encuentran un ambiente aún más hostil que el del desierto:

> Humaredas de fábricas embrutecedoras, humo hediondo, humo sucio, humo y más humo de los escapes de los autos, de los escapes humanos, humo del maldito cigarro gasificador de angustias y pulmones. Humaredas de legiones de mariguanos con ínfulas de redentores. Junto a tanta inmundicia en la atmósfera no se descartaba el aliento de los alcohólicos . . . tampoco es de extrañar que en la misma atmósfera pletórica de cochinadas hicieran morada las maldiciones de tanto frustrado. (14)

Al tema de la peregrinación se le da profundidad asociándolo al de la Sagrada Familia. Perseguidos por los esbirros de Díaz, los padres de Jesusito se refugian en Belén: "A lomo de burrito llegaron a Belén. El pobrecito de Don Pepe se moría de congoja. A poco nació el niño. Doña Mariquita tan valiente y sufrida, sonreía con el cielo en los brazos. Era una fiesta de alegría". El niño, como Jesús, hace milagros: "Cuentan que tocaba a los nopales amarillos de viejos, y a luego se tornaban verdes, verdes"; habla varias lenguas no aprendidas en la escuela o los libros: "Algunos le oyeron hablar a un tiempo el náhuatl, el maya, siendo su lengua madre el yaqui; hablaba el castilla como cualquier Cervantes. También lo oyeron hablar lenguas antiquísimas"; y, además, practica la levitación: "Dicen que de cerca se miraba caminar igual que lo hace todo cristiano, pero que ya a lo lejos se divisaba flotando; tenía veredas en el aire" (44-45).

Después de largos sufrimientos los peregrinos de Méndez (como la Sagrada Familia) llegan a la ciudad, donde esperan encontrar el deseado refugio paradisíaco. Lo que encuentran son males peores que aquéllos sufridos en el desierto, a manos de la naturaleza. Aquí también, como en el desierto durante la peregrinación, encontramos los dos elementos claves que estructuran la novela toda, esto es, el mítico y el social. La peregrinación aquí se convierte en calvario. La ciudad es "una diosa mitológica, cínica y desvergonzada, [que] se va aprovechando de las debilidades humanas para llenar sus últimos rincones" (20).

Lo que en la urbe hostiga a los peregrinos no es, como en el desierto, la sed, el sol y las espinas, sino otros seres humanos, indiferentes ante el sufrimiento de los nuevos refugiados. Los médicos no ayudan a los pobres. El niño Chalito muere porque los médicos no visitan a los enfermos en sus casas y "porque los hospitales cobran muy caro y no aceptan menesterosos" (26). Ante la imposibilidad de hacer uso de los adelantos de la medicina, el pueblo se refugia en el mito; a los médicos que usan en los hospitales los últimos, pero costosos, aparatos para curar y prolongar la vida de los pacientes, se les contrapone el mítico personaje Jesusito de Belem que hace curaciones milagrosas sin cobrar.

> Yo, amigo, conocí en persona a Jesús de Belem. Puede que no me lo crea, pero ya le digo, ¡Qué hermosura de yaqui! . . . Ese Chuy sí que era un buen curandero pa'que vea. Ahí, los del pueblo se rieron de él; porque era hijo de Don Pepe, que hacía bateas. Pero . . . qué lindas curaciones hizo, con decirle que era hasta milagroso . . . apenitas, conque le tentaran la ropa y como con la mano, anda vete enfermedad. (78-79)

Si los de abajo no encuentran la muerte por falta de asistencia médica, la encuentran defendiendo lo que no pueden gozar, como le ocurre al chicanito Frankie, que muere en Vietnam. Aquí también se introduce un elemento mítico, el héroe de la cultura popular norteamericana, como Superman, que destruye aviones "con escupitajos", que levanta convoys "con el dedo meñique, ganando la guerra en un abrir y cerrar de ojos" (174). Y si no es Superman, allí está Batman. Y el gran cowboy:

> Y si estos seres ultrapotentes no dominaban al injusto enemigo, ¡Ah! Ahí estaba el grande, el sublime, el invencible y, además, exquisitamente bello ¡El Gran Cowboy! El más grandioso héroe legendario de su patria. Solo, montado en su brioso caballo, con una pistola en cada mano, había vencido y eliminado a millares de indios. (174)

La caracterización de Loreto Maldonado desde dos perspectivas nos permite verlo realísticamente, como a un ser social marginado, y, al mismo tiempo, como un ser mítico. A Loreto, al dejar el campo y radicarse en la ciudad, el único empleo que le permite ganarse la vida es el lavar automóviles de turistas; sus únicas armas para defenderse de la pobreza son una cubeta y una

garra sucia. Pero también tiene su aspecto mítico, ya que, a través de ciertas imágenes arquetípi-
cas, Méndez ágilmente lo asocia a Quetzalcóatl. Como el dios mítico, Loreto es derrotado por
sus enemigos: a Quetzalcóatl lo derrotan Tezcatlipoca y sus partidarios (Caso, 41); a Loreto, los
que se aprovecharon del triunfo de la Revolución: "¿Por qué jodidos andan levantados? —Pos
por defender la revolución traicionada, siñor" (188). Lo que dice Caso de Quetzalcóatl, esto es,
que es "el arquetipo de la santidad; su vida de ayuno y penitencia, su carácter sacerdotal, su
benevolencia con los hijos, los hombres, son patentes" (Caso, 40), se puede decir de Loreto. A
pesar de su miseria, ayuda a otros que viven en las mismas o peores condiciones, sean yaquis,
chicanos, "jipies" o mexicanos; esto es, al pueblo abandonado, no por los dioses, sino por la
historia y por una sociedad que no ha sabido rescatarlos. Dice Loreto, "—Voy a ver si le entro
de apóstol, por lo pronto quiero ser San Pedro" (103). A continuación se introduce el diálogo
entre Loreto y Chalito, el niño que se gana la vida dando bola, esto es, limpiando los zapatos de
los turistas. Como dice que se cansa con el trabajo porque el sol le hace daño, Loreto le cuenta la
leyenda del sol y la luna. Aquí el mito se revela en la presencia de una luna que es "blanca, con
manchas de paño en la cara" (104), caracterización en la cual se funden la realidad y el mito: la
luna tiene manchas en la cara; pero también es el significado del nombre de la deidad lunar
azteca, Coyolxauhqui, que significa "la de la cara amedallada", y así la vemos en las esculturas
de su imagen. Loreto, antes de despedirse de su nuevo amigo, le dice:

> —Chalito . . . mira cuánto dinero gané hoy, lavando coches, traigo las bolsas
> llenitas de monedas, miles de pesos. ¡Toma!, todo lo que quieras.
> —¡Qué bueno es usted, señor Loreto! Qué bueno es usted . . . que . . . bueno. . . .
> (104)

Para Loreto también existe un espacio/tiempo mítico ("Despuntaba la mirada de sus ojos, tal
si atravesara un abismo sumido en un tiempo muy remoto. . . . Muchas veces cuando caminaba
por esas calles, parecía fingiendo su movimiento; se antojaba suspenso en el espacio") a pesar de
que, "en su misma dimensión, otros seres que lo rodeaban vivían en su gloria como parásitos,
pagando dávidas con payasadas grotescas" (31). Otro aspecto de ese espacio mítico se le
manifiesta a Loreto en un sueño, en el cual el tiempo es un simple recuerdo, contrapuesto al
cronológico: "El viejo Loreto peinaba ya los ochenta años, estaba en la edad en que ya se ha
sepultado un mundo, y se vive, o más bien, se sueña estar en un planeta desconocido, confinado
en el olvido como un extranjero huérfano de patria, avergonzado de existir en espacio ajeno"
(30). Que ya es viejo, Loreto lo descubre viéndose en un espejo. "El, que a veces persistía en la
idea de ser el joven brioso, terrible guerrillero, sonreía al verse metamorfoseado en un ciego tan
feo, recordando el cuento del paisano que se halló el espejo y al levantarlo exclamó '¡Cabrón,
con razón te abandonaron, estás horrible' " (30). Según el mito, cuando Quetzalcóatl, después
de su derrota, abandona Tula y se dirige hacia Cholula, llega a un lugar que llamó Quauhtitlán.
"A very thick tree stood [there], and it was very tall. He stood by it. Thereupon he called forth
for his mirror. Thereupon he looked at himself; he saw himself in the mirror; he said: 'Already I
am an old man' " (Sahagún, 3:33). En verdad, Loreto ya no vive en el presente, sino en el
pasado. Hasta cuando se come una torta, la presencia de algunos de los alimentos de sus
antepasados indígenas le hace recordar a su mítico pasado: " 'Ahuacatl', murmuró, sintiendo en
revuelo sanguíneo las antiguas voces de su pasado náhuatl. Sobre las rajitas verde-oscuras del
aguacate lucían alegres tres rebanadas de tomate, pegadas a las migajas de pan, trocitos de
cebolla recién cortada y un chile" (78). Si bien Loreto, en la imaginación, es un dios, en la
realidad social es un pobre indio como cualquier otro:

Los inditos bajaron la vista mudos; en ellos apuntaba ya la genealogía cansada
que demanda un receso, hartos de violencia. Comprendían que estaban senten-
ciados por nacencia, no por el agravio de ser revoltosos; el ser indio significaba
el olvido, el oprobio, el desprecio, la inicua sentencia de la más vil de las miserias, y el afrentoso desdén hacia sus pieles prietas. (189)

A través de la novela aparece el motivo de la muerte. En verdad, la muerte es el motivo central con el cual se logra, por medio de su constante repetición, unir los dos dispares elementos,
lo social y lo mítico. Una de las escenas más realistas en la novela, casi se podría decir
"naturalista", es aquélla en la cual Méndez describe la muerte de Loreto Maldonado. El viejo
yaqui vive en el barrio de Río Muerto, con "los humanos más desgraciados . . . viejos, sucios y
macilentos que buscaban dónde morirse como la gente" (190). Allí Loreto vive como si fuera
otro de los muchos perros flacos, "de esos que se mueren a cada rato, cada vez que les pega la
gana" (191). Cuando muere, los vecinos creen que se trata de la muerte de otro perro, pero
descubren que "el difunto es el pat'e palo [Loreto, quien tiene una pata de palo] que colgó los
tenis [murió]" (191). Son los tiradores de basura a quienes les toca recoger el cuerpo de Loreto,
lo que hacen levantándolo junto con el cuchitril donde mal vivía y echándolo todo al carro de la
basura. La irreverencia de los *tirabichis*—los recogedores de la basura, así llamados porque a
veces recogen *bichis*, esto es, "perritos muy chiquitos de raza pelona" que cuando mueren, "ya
sea de muerte violenta o natural", los dueños los tiran a la basura—la vemos en el siguiente
diálogo que se suscita entre dos de ellos:

—¿Pos de qué peteteraría [moriría] este pinche ruco [viejo]?
—Pos ni modo que de indigestión. De pura hambre crónica se lo cargó la chingada; tú sábanas [tú sabes] no te hagas pendejo. (193)

No menos irreverente de la muerte, y hasta satírica y quevedesca, es la descripción de la
manera en que el cuerpo de Loreto es depositado en el carro de la basura.

Siendo la construcción [de su habitación] tan frágil, no tardaron en cargarla en
el troque de la basura. Envolvieron los restos del difunto en lonas podridas.
Subieron el fardo y lo colocaron sobre los restos del hogar del infeliz indio; la
pata de palo desprendida le cayó en la cabeza al chaparrito Nelson Ortiz, que
presto le dedicó un rosario de palabras cochinas al pobre muerto. (Hasta se la
mentó.) El taquero, que por cierto, traía la frente, las cejas y las narices coloradas
de limparse el sudor con las manos llenas de salsa, sintiéndose con cierto dere-
cho por haber descubierto el cuerpo, preguntó al "tirabichi" mayor,
—¿Pos dónde lo van a enterrar, siñor?
—¡Sepa la chingada! (193-94)

Aun en este episodio tan humano, el elemento mítico no desaparece. La muerte de Loreto
Maldonado ocurre precisamente el día de San Juan, día asociado al mito de la resurrección, el
eterno retorno.

El indio Loreto murió a fines de junio. Eran los días en que en su tierra celebra-
ban con gran alborozo la primera crecida del Río Yaqui. Fue el día de San Juan,
cuando todos los ríos se llaman Jordán y llevan agua bendita; cuando el agua
que bautizó al justo, fertiliza los campos que ofrendan con prodigalidad sus
frutos a todos los hombres de buena voluntad. (194-95)

Esa nota suaviza levemente la pesimista actitud del narrador, ya que la asociación del protagonista a ese mito alienta a esperar el resurgimiento de una nueva y mejor sociedad fronteriza,

donde a los descendientes de los infortunados peregrinos no les sea necesario valerse de nuevos mitos para sobrellevar la vida.

Es bien sabido que la muerte es uno de los principales temas en la literatura mexicana, según vemos por los estudios que le han dedicado Juan M. Lope Blanch, Merlin Forster, Barbara L. C. Broadman, José Pascual Buxó y otros. Lo mismo ocurre en la literatura chicana. La muerte, tanto en su aspecto metafórico como biológico, aparece con insistencia en la narrativa de Méndez, y sobre todo en *Peregrinos de Aztlán.* Nos referimos, por supuesto, a la muerte personificada que, como agente mítico, participa en el destino de los seres humanos y pone fin a su existencia, y en la realidad, la muerte como resultado de la violencia o el hambre.

Varios son los nombres que Méndez usa metafóricamente para referirse a la muerte: la huesitos, la Flaca, tía Chingada, etc. Todos ellos proceden del saber popular mexicano y aunque ya han sido documentados por Lope Blanch en su *Vocabulario mexicano relativo a la muerte,* no encontramos allí ejemplos tomados de la literatura chicana, que es también una rica fuente de información. De interés en la obra de Méndez es el hecho de referirse a la muerte desde dos perspectivas, la biológica y la mítica, con frecuencia yuxtaponiendo las imágines. Tras relatar la conquista de "la huesuda" por el coronel Chayo Cuamea, pasamos a renglón seguido a la descripción que Frankie Pérez hace de "la matazón" en Vietnam. "La horrenda carnicería de los bombardeos; miles de niños, mujeres y ancianos ardiendo como brasas, impregnados de Napalm. . . . La muerte constante de sus compañeros de armas, trozos de hierro despedazando los cuerpos" (179). Lo mismo ocurre en una escena donde Cuamea, en el campo de batalla, descubre la muerte de su compadre Elpidio. Primero se introduce el aspecto mítico: Cuamea "vio a 'La Flaca' a un lado; le gritó rabioso: 'Te llevaste a mi compadre, ¡hija de la chingada!' " En seguida viene el aspecto realista, pero integrado al mítico: "Luego la vio por doquiera, multiplicada, como si cada hombre moribundo fuese un charco rojo para representarla" (185).

El uso del arquetipo de la muerte personificada viene con frecuencia asociado a la muerte de un enemigo del pueblo y, en algunas ocasiones, a la de los héroes yaquis, como en el caso de Elpidio, Cuamea y el mismo Loreto. La imagen mítica de la muerte, con su guadaña, aparece cuando muere la dueña del "Siesta Chili Dogs", quien explota a los trabajadores mexicanos indocumentados. "A la muerte no le cayeron bien en gracia las piruetas financieras de la reina de los 'chilis calientes'; llegó la huesitos con su guadaña y le hizo pipián el corazón" (41-42). La *chingada,* personaje mítico típicamente mexicano, es también la personificación de la muerte. Cuando Loreto muere, el *tirabichi* dice, "Se lo cargó tía chingada" (193).

Y hasta el tiempo, tanto cronológico como cósmico, es víctima de la muerte, como vemos en este monólogo interior de uno de los personajes secundarios: "Mañana fue el primer día de creación, ayer será el día amanecido. Siento como si ya no hubiera relojes, como si todos los relojes hubieran estallado de infartos, como si todos los gallos colgaran de sus trapecios, muertos, cual péndulos paralizados" (153).

Otro elemento mítico no menos imporante, y de larga tradición, es el de la metamorfosis del ser humano en materia inorgánica, esto es, en piedra, y viceversa. El motivo parece ser uno de los favoritos de Méndez, y a él le ha dedicado su segunda novela, *El sueño de Santa María de las Piedras* (1986). Veamos algunos ejemplos que anticipan esa trayectoria. Al describir a los niños pordioseros en las calles de la ciudad, que han sido "amaestrados a fuerza de azotes", "aprenden con suma maestría a estirar la mano poniendo un rostro tan dolido . . . con vocesitas tan persuasivas, que las piedras de oírlos podrían metamorfosearse en tortugas sin conchas" (33). La indiferencia de la gente en las ciudades la expresa con la misma metáfora uno de los personajes, una mujer que se gana la vida pidiendo limosna: "A veces camino por esas calles repletas de gente y siento lo mismo que si estuviera en la cueva más abandonada. Ya no hay quien grite mi nombre, ni quien corra a abrazarme, todos se me vuelven piedras" (154). Y la siguiente vivificación de las piedras, esta vez tranformadas en partes del cuerpo de una persona, según las ve un ser humano extasiado por una música celestial: "Volvió a escuchar otra vez la misma música celestial. Buscó en el fondo de la cañada, de los peñascales; sólo apreció las piedras redondeadas que el sol rescataba de la oscuridad haciéndolas lucir como almohadas o senos maternales" (157).

En conclusión, se podría afirmar que en la novela *Peregrinos de Aztlán* Miguel Méndez ha sabido orquestar dos motivos polares, el realista y el mítico, para expresar las condiciones de la vida degradante que los indígenas yaquis y otros seres marginados llevan en una ciudad fronteriza, ciudad que puede ser símbolo de otros centros urbanos, no sólo en la frontera entre México y los Estados Unidos, sino en cualquier parte del mundo.

Obras citadas

Broadman, Barbara L. C. *The Mexican Cult of Death in Myth and Literature*. Gainesville, FL: The University Presses of Florida, 1976.

Bruce-Novoa, Juan. "Miguel Méndez: Voices of Silence." *De Colores* 3.4 (1977): 63-69.

Buxó, José Pascual. *Muerte y desengaño en la poesía novohispana (siglos XVI y XVII)*. México, DF: UNAM, 1975.

Caso, Alfonso. *El pueblo del sol*. Colección Popular. México, DF: Fondo de Cultura Económica, 1971.

Durán, Fray Diego. *Historia de las Indias de Nueva España*. 2 tomos. México, DF: Imprenta de J. M. Andrade y F. Escalante, 1867-80.

Forster, Merlin H., ed. *La muerte en la poesía mexicana*. México, DF: Editorial Diógenes, 1970.

Lope Blanch, Juan M. *Vocabulario mexicano relativo a la muerte*. México, DF: UNAM, 1963.

López y Fuentes, Gregorio. *Los peregrinos inmóviles*. México, DF: Ediciones Botas, 1944.

Méndez M., Miguel. *Peregrinos de Aztlán*. Tucson, AZ: Editorial Peregrinos, 1974.

Pérez de Villagrá, Gaspar. *Historia de la Nueva México, 1610: A Critical and Annotated Spanish/English Edition*. Trads. y eds. Miguel Encinias, Alfred Rodríguez y Joseph P. Sánchez. Albuquerque, NM: University of New Mexico Press, 1992.

Sahagún, Fray Bernardino de. *Florentine Codex: General History of the Things of New Spain*. Eds. Arthur J. O. Anderson y Charles E. Dibble. Vol. 3. 2a ed. Santa Fe, NM: The School of American Research, 1978.

PEREGRINOS DE AZTLÁN DE MIGUEL MÉNDEZ: TEXTIMONIO DE DESESPERANZA(DOS)

Francisco A. Lomelí

¡Coros henchidos desgañitándose en los eternos laberintos del silencio!
Peregrinos de Aztlán, p. 146

I. Prolegómenos

Miguel Méndez representa un verdadero caso único en las letras chicanas, en gran parte por su cualidad arrolladora como poeta, cuentista, ensayista y novelista, pero más aun por haberlo logrado como autodidacta. Mientras que otros escritores cuentan con un entrenamiento formal, y algunos incluso tienen la máxima formación de un doctorado universitario, Méndez—sin títulos ni diplomas—ha desarrollado su distintivo estilo gracias a su profunda dedicación a la escritura. Es decir, encarna lo que podría denominarse un autor popular debido a sus orígenes humildes. Su manejo magistral de un lenguaje rico, variado y polifónico produce un repertorio tal que su estilo es uno de los más nutridos en la literatura chicana. Además, su concepción nativa de una imaginería propia de la región entre Sonora y Arizona, y su sentido mítico del tiempo, marcan dos tonalidades originales. Como posible analogía, Miguel Méndez ha contribuido giros barrocos a las letras chicanas de igual manera que Alejo Carpentier dejó sus huellas en la literatura hispanoamericana.

A pesar de ser reconocido como una de las máximas voces chicanas, sobre todo en México, Miguel Méndez sigue siendo relativamente postergado como escritor de primera fila. Los críticos suelen aludir con comentarios laudatorios a su extraordinario léxico, mas no ha llegado a figurar como parte de la ola de escritores chicanos más leídos. La razón dada es su lenguaje exigente que aborda en lo barroco con giros singulares de la frontera, lo cual demanda del lector un perfecto conocimiento del español estándard como los regionalismos típicos del habla yaqui, incluyendo también todas las variantes posibles del español popular (por ejemplo, del ámbito rural), del barrio o del que traspasa las clases sociales. Méndez recoge y reconstruye un lenguaje que generalmente se había considerado anticuado y olvidado o ajeno a la creación literaria, otorgándole una nueva configuración con su fina sensibilidad de poeta perspicaz. Así le inyecta nueva vitalidad y validez a un lenguaje soterrado que se había mantenido al margen de la expresión escrita. Aunque no crea neologismos o un lenguaje nuevo, no cabe duda de que acude a una fuente verbal y de imágenes arraigada en la tradición oral donde el lenguaje multifacético y algo rebuscado cuenta por sí como manifestación de una cosmovisión milenaria de matices arcaicos y meticulosos refinamientos. Hace relucir, entonces, un mundo lingüístico que está configurado de ecos de las antiguas crónicas por su detalle y su rica reserva de palabras utilizadas para así precisar lo visto o lo experimentado. Es un lenguaje donde la imaginación siempre está a punto de encontrarse con sorpresas o repentinos cambios (*shifts*) semánticos. Por eso se requiere a un lector agudo, paciente y determinado a descifrar todos los retos léxicos y verbales por haber.

II. Trasfondo biográfico

Nacido el 15 de junio de 1930 en Bisbee, Arizona, apenas a unas cinco millas de la frontera con México en el barrio "Tin Town", Miguel Méndez experimenta el repentino desarraigo a los cinco meses cuando su padre se encuentra desempleado por la clausura de las minas durante la década de la depresión. Esto provoca el éxodo de la familia al trasladarse al ejido El Claro en el estado de Sonora, donde recibe su primera y única instrucción formal hasta el sexto grado. Admite la impresión permanente que deja en él ese pueblo lleno de tragedia y dolor, un lugar intenso de inesperados roces con gente desamparada de todas partes, incluyendo familias yaquis y algunos repatriados como sus padres. Allí le brota un estado de ánimo particular, permitiendo que se le grabaran sensaciones que después son claves en su vena creadora. Según ha declarado, ese espacio y tiempo contribuyen a su sensibilidad: "Mi espíritu de niño lastimado prevalece en mí en una melancolía suave que me resguarda de la tristeza grande, siempre latente" (Alarcón 1981, 3). Como llega a gozar de la lectura a una temprana edad, gracias a las lecciones de su madre, luego le surgen unos deseos incontenibles por la escritura a los diez años. Y así se desprende su impulso motivador: "La causa principal que despertó en mí la afición a escribir fue la de construirme un mundo interior, vasto y siempre en expansión" (Alarcón y Cárdenas, 151).

Para 1945 el joven Miguel Méndez regresa solo a Arizona para probar su suerte y se instala en Tucson en 1946, ciudad donde permanece hasta hoy día. Luego se dedica a diversos trabajos manuales como campesino, labrador y, más tarde, descubre su oficio más duradero como empleado de obras de construcción y albañil. En los campos agrícolas llega a pizcar prácticamente de todo, por ejemplo, frutas y verduras, y es un tanto en el ámbito rural como el urbano donde empieza a escuchar historias y anécdotas de una masa de personas ambulantes. Aquí se topa con una buena parte de la materia prima de su creación literaria a la vez que empieza a perfilarse su temática social en un primer borrador novelístico a los dieciocho años. En una entrevista señala que su actividad de cuentista se inicia a fines de los años cuarenta y dura unos quince años, resultando en una serie de manuscritos que se quedan inéditos hasta el advenimiento del Movimiento Chicano de los sesenta (Rodríguez del Pino, 1977).

Su trayectoria creadora—por mucho tiempo labor callada y solitaria—ya traza varias décadas pero no es hasta 1970 cuando cambia de oficio al ofrecérsele un puesto en Pima College en Arizona, donde actualmente da clases. También ha sido contratado como profesor en la Universidad de Arizona dando clases sobre literatura chicana. En 1984 Méndez recibe un reconocimiento oficial altamente significativo, considerando sus modestas procedencias, de Doctor Honoris Causa, otorgado por la Universidad de Arizona en Tucson.

III. Ubicación contextual

Miguel Méndez forma parte de la primera ola contemporánea del llamado *boom* chicano o Renacimiento de los sesenta.[1] Más específicamente, se le encaja dentro de la Generación Quinto Sol,[2] la cual surge en 1967 en torno a la empresa editorial Quinto Sol de Berkeley, California, con *El Grito: Journal of Contemporary Mexican American Thought*, de donde se desprende una nueva ideología y agenda literarias con el fin de promover un nacionalismo cultural. Aparece por primera vez en *El Grito* en 1968 su muy elogiado cuento metafórico, "Tata Casehua", cuya contextura neo-indigenista concuerda bien con los valores en boga durante el apogeo del Movimiento Chicano. Es decir, el énfasis en el elemento nativo y telúrico aporta dos melodías favoritas de la época para explicar así un pasado legítimo y propio. El cuento pronto se convierte en narración clásica de la ficción chicana que denuncia y aboga por los desposeídos a la vez que establece un claro vínculo con la identidad indígena, en este caso yaqui. Por consiguiente, se hubiera anticipado la publicación de *Peregrinos de Aztlán* por Quinto Sol, ya que el escritor arizonence proporciona en su texto una visión épica de dimensiones cósmicas—una cualidad fundamental para los editores de Quinto Sol. No obstante, algo ocurre: la editorial se debilita con la clausura de la revista en 1974, limitando su capacidad de producir libros; el manuscrito de Méndez presenta un problema logístico para una edición bilingüe por la dificultad de sus variantes lingüísticas; y se ejerce una posible cautela editorial por temer una representación de personajes en distintos grados de verosimilitud favorable o desfavorable. El texto no es cortejado seguramente porque no siempre contiene pinceladas positivas, desviándose entonces de los objetivos de la máquina publicitaria de unas empresas chicanas. Por eso, Méndez acude a publicar la novela por su propia cuenta con la Editorial Peregrinos, una imprenta local que funda en 1974.

Con *Peregrinos de Aztlán* Méndez se coloca entre los narradores más destacados de la nueva novelística y cuentística a principios de los setenta, considerando, por ejemplo, a Tomás Rivera, Rolando Hinojosa-Smith, Estela Portillo Trambley y Rudolfo Anaya. Méndez, como los mencionados, también elabora una visión horizontal, o sea, global del pueblo de origen mexicano, articulando con mayor fuerza su desarrollo histórico como su gestación intrahistórica en un espacio determinado: la frontera. Pese a su lugar en la vanguardia de las letras chicanas, se lee escasamente debido a las técnicas de índole experimental y el lenguaje expansivo de sus narraciones. Sin apologías escribe exclusivamente en español y señala con juicios mesurados lo siguiente:

> La literatura chicana se significará grandemente, tanto en inglés como en español. No tendremos de ninguna manera que rivalizar los que escribimos en uno u otro idioma. Vamos a decir que nuestra literatura nace de varios idiomas, pero que nace de un solo corazón. También para la literatura chicana que aparece en lengua española veo un futuro muy luminoso. Ya verás, no pasarán muchos años sin que lo nuestro logre el aplauso de propios y extraños. Me refiero también a Latinoamérica y España. En cuanto a la función de las obras chicanas escritas en español, está entre otros motivos el de vitalizar y preservar nuestras raíces más profundas. (Alarcón 1981, 6)

Como su texto (igual que toda su producción) está sólo en español, se cree que ha limitado su circulación entre lectores en los Estados Unidos; en cambio, en México—donde tal vez se distingue como el escritor chicano más conocido—la asequibilidad de sus libros indica un problema de difusión general. De igual manera, Méndez ocupa un lugar especial porque suele identificarse como uno de los escritores de primer rango, cuya literatura va renovándose constantemente con aportaciones llamativas.

Fuera de contar con el ojo clínico de un prosista maduro, también sobresale por su sensibilidad de poeta y ensayista, y ha escrito una obra de teatro que se perdió. Se caracteriza, entonces, como un autor con múltiples habilidades creadoras capaz de incurrir en cualquier género con una relativa facilidad. En la actualidad, su producción consta de ocho libros: dos novelas de primer orden (incluyendo la segunda, *El sueño de Santa María de las Piedras*, de orientación hacia lo mágicoreal), un poemario comprometido en dos partes (*Los criaderos humanos [épica de los desamparados] y Sahuaros*) y cinco colecciones donde se combinan los cuentos con ensayos, mitos o narraciones folclóricas (véase la bibliografía). Aunque es difícil reducir la producción de Méndez a unas pocas cualidades, con el afán de sintetizar se encuentran las que aquí enumeramos: giros filosóficos de preocupación social, lo poético abstracto o contemplativo, lo alegórico satírico, el humor regenerador, la tradición de lo trágico, el determinismo ambiental, la memoria de la historia, el choque de generaciones y culturas, la conservación de valores arraigados, la frontera como espacio de confluencia, la tradición oral en conjunción con las bellas letras, los experimentos intergenéricos e intratextuales, y mucho más. Miguel Méndez es quien mejor encarna al escritor chicano capaz de captar un mundo ficticio que va más allá de una simple frontera para así demostrar los distintos estratos de la coexistencia, sea ella económica, psicológica, mitológica o política.

La crítica es casi unánime en ensalzar *Peregrinos de Aztlán* como una de las novelas más logradas de la literatura chicana ya que trasciende un regionalismo espacial, lingüístico y literario. No es tarea fácil situarla bajo una sola clasificación porque también desafía los estrechos rótulos o categorizaciones académicas. Como obra única en 1974 cuando el género de la novela estaba en pleno florecimiento y madurez, contribuye a ampliar y explorar, de manera directa, perspectivas insólitas que para esa época se ignoraban. Su aparición, sin duda, marca un hito significativo a la vez que reafirma un supuestamente repentino estallido del grado de sofisticación entre escritores chicanos. Aunque no se beneficia del apoyo publicitario de una editorial de renombre, *Peregrinos* se impone como novela de categoría, lo cual se confirma con la copiosa bibliografía incluida. En parte recoge la temática del trabajador migrante de otras obras como *The Plum Plum Pickers* (1969) de Raymond Barrio e *"... y no se lo tragó la tierra"* (1971) de Tomás Rivera, pero en *Peregrinos* se remonta a México para delinear un trasfondo ya trágico que acompaña a los trashumantes peregrinos. Sobre todo, consigue ubicar la mayor parte de la acción en un espacio indefinido, la frontera—que parece purgatorio—,donde los personajes están en proceso de integrarse a un mundo de desilusiones.

Peregrinos se distingue como novela totalizadora al poner el realismo en tela de juicio para mostrar sus insuficiencias. Se presenta una realidad poética al par de una existencia descarnada y se yuxtapone el pesimismo con la esperanza. Mediante su óptica épica, se recrea la trayectoria de una colectividad amorfa y anónima, dando así una visión horizontal de una realidad social. Es decir, esta obra coincide mucho con la novelística del *boom* latinoamericano: por su composición de técnicas complejas e interrelacionadas, la caracterización estratificada en analogías o contrastes o paralelismos, los temas soterradamente de orden político, su cualidad de regionalismo, y la insistencia en experimentar con el lenguaje. Hay resonancias tenues de novelas como *La casa verde* de Mario Vargas Llosa, *Pedro Páramo* de Juan Rulfo, *Los pasos perdidos* de Alejo Carpentier, *La muerte de Artemio Cruz* y *La región más transparente* de Carlos Fuentes, *El coronel no tiene quién le escriba* de Gabriel García Márquez, *Al filo del agua* de Agustín Yáñez, *Los de abajo* de Mariano Azuela, *El indio* de Gregorio López y Fuentes, *Huasipungo* de Jorge Icaza, *El Señor Presidente* de Miguel Angel Asturias y *La vorágine* de José Eustasio Rivera. *Peregrinos* de Miguel Méndez establece una dialéctica intertextual con obras latinoamericanas al mismo tiempo que intenta cimentar las bases modernas de lo que Luis Leal[3] y Cosme Zaragoza (1984) han denominado la novela aztlanense.

IV. Explicación textual de *Peregrinos de Aztlán*

El plan narrativo que se propone Méndez en *Peregrinos* es multifacético al enlazar su problemática con la novelística de Latinoamérica. Según dos críticos, Méndez "here creates the Chicano novel of the downtrodden" y ofrece "definitely the first [and] most ambitious Chicano novel written in Spanish" (Lomelí y Urioste, 43-44; lo subrayado es del original). Por un lado, establece una prosa combativa al estilo del realismo crítico, mas su objetivo también incluye poetizar una realidad cruda de gente desesperanzada mediante el neorrealismo. Por otro lado, se esfuerza por fundar un tipo de arte narrativo que sea propio al pueblo chicano, sea ello por las conflictivas experiencias como por sus variantes de lenguaje o sus tipos sociales. El resultado es una obra que destruye fronteras tanto literal como figurativamente. Por ejemplo, también se encaja dentro de la susodicha novela regionalista de igual manera que podría considerarse dentro de la novela indigenista y de la Revolución Mexicana. La clave de su confección ecléctica reside en que a la vez se acerca a una nueva categoría más enraizada en los Estados Unidos, o sea, la novela de anti-guerra—pensando, sobre todo, en el movimiento juvenil en contra de la Guerra de Vietnam. *Peregrinos* es todo esto y aun más; insiste ante todo en ser chicana. En este contexto, se plantea la clasificación más acertada del libro de Méndez como novela de espacio totalizador, según los principios teóricos de Zunilda Gertel.[4] Corresponde a dicha categoría por:

> . . . mostrar una compleja realidad espacial cerrada y cíclica . . . a la vez ruptura y entronque de la tradición. No podría calificársele en un canon temático o de corriente literaria; su estructura tiene visión integradora y universal. No es novela realista, ni fantástica, ni psicológica, ni de violencia, ni barroca, y es todas al mismo tiempo. (Gertel, 150-51)

Primordialmente, *Peregrinos* es una novela en busca de sí misma, un "textimonio" donde los narradores, los alter-egos y las demás voces sueltas tratan de darse forma. Da la apariencia de discursos diluidos que se pierden en un vértigo confuso y caótico. El desierto o la urbe se traga a los personajes, quienes son indefensos y vulnerables. El motivo del viaje, el cual implica movimiento o posible mutabilidad, aquí funciona irónicamente ya que sólo se experimenta lo cíclico, el estancamiento o la inercia. Aunque los personajes figuran como "peregrinos", es obvio que su movimiento es apenas lateral pero siguen igual en sus condiciones inmejorables, retornando siempre al punto zero. El aniquilamiento o la negación predomina ante todo, borrando así cualquier potencialidad de que se superen estos peregrinos en un ámbito nuevo. Todo se nivela hasta el punto en que los personajes principales terminan muertos. La muerte no sólo resulta inevitable, sino que también es el denominador común. La novela, careciendo de una verdadera trama, se caracteriza por ser más bien de reflexión que de acción. El aspecto contemplativo está muy presente en las disquisiciones poéticas, pero lo que cuenta sobre todo es un meta-lector que pueda reordenar los hilos disyuntivos de vidas inconexas para así darle sentido a la narración como a su historia.

Desde el prefacio, "El autor" se dirige al lector para suplicarle comprensión en su quehacer narrativo, y revela que ha tenido que desviarse del plan original. Admite: "Te confieso que falló mi intento preconcebido, no por mi voluntad, sino por una extraña rebelión de las palabras" (21). O sea, la obra que está por delante no equivale al proyecto prístino, sino que es rendimiento de un lenguaje de "voces inoportunas, feas por toscas y deformes" (21) que se le imponen al autor. Deja al lado la vanidad de implorar la implícita aprobación a favor de que se tenga compasión por los seres que cuentan su dolor, sentimiento y cólera. Y, se hace tanto hincapié en el lenguaje porque es éste el que habla y murmura en el texto como extensión de los personajes mismos. Adentramos en una novela que apunta a ofrecer una versión inortodoxa al forjar una auto-conciencia de la escritura como contra-texto de la literatura más tradicional o altisonante: "con un lenguaje vivo más vida enseña un relato que con el fosilizado, sublimador de lo muerto en bellas esculturas de mármol" (21). Conceptuada como obra de palabras "suavecitas y redondeadas", el resultado final sugiere una anti-novela por la cosmovisión recreada de un vulgo sin portavoces. *Peregrinos*, como consecuencia, no debe leerse sólo para deleitarse en las fantasías frívolas de la expresión ligera; el propósito cobra una tonalidad más seria y urgente. Se trata de un mundo sufrido y, por ende, su lenguaje brota de un cauce de angustia. La novela la compone un lenguaje vivo—no regido por reglas gramaticales—que está en flujo y se altera de acuerdo con las circunstancias sociales, constituyendo de esa manera un fiel "textimonio" de un pueblo relegado que ahora se manifiesta. La obra, según el prefacio, tiene como finalidad el desdoblar una realidad oculta que suele verse en términos de lo ahistórico, callado y apagado. El texto en sí representa una explosión de esa previa imagen para figurar entre los pueblos con voz y derechos. Se superan los convencionalismos sin reprimir voces veladas y también se rescatan vivencias que de otra manera no figurarían en las páginas de la literatura. En Méndez, la creación literaria está al servicio de quienes se han mantenido al margen.

Como prueba de que *Peregrinos* funciona como contra-texto o anti-novela con un determinado compromiso social por los personajes y sus circunscripciones, aparecen comentarios en varias ocasiones, sea por los narradores o en diálogos, donde se niega un hecho. A comienzos del relato, el narrador omnisciente cuenta no sólo lo que es el protagonista, Loreto Maldonado, sino lo que ya no es: "No, el viejo Loreto ya no era cualquier campesino ingenuo" (25). La importancia de este nuevo punto de vista está en que se trata de personajes percibidos con otra perspectiva. Si antes eran abnegados, sumisos y marginados, ahora se describen con otros lentes. Ellos mismos no van a cambiar necesariamente, no obstante, es fundamental que el lector los capte con otra orientación compasiva de entendimiento. Las constantes negaciones salpicadas por toda la novela sirven para calificar la verdadera naturaleza de los seres sufridos, otorgándoles así una revaloración distinta. Otros ejemplos abundan: "No a la conquista del oro van estos hombres escuálidos, caminando a noche y día; los lleva la demanda vital de proteínas" (55); "*¡Mientes! No hay poesía ni poetas, todo es una mascarada para no ver la tragedia humana; sólo los holgazanes que ignoran el dolor y el crimen, aduladores del poder, le cantan a las flores*" (bastardilla en el original, 135); "¡No!, no, ya no se trataba solamente de su pequeño sufrimiento de niño-hombre, de adolescente, ya lo invadía otra pena más honda . . . dolor universal" (158-59); y "Así la historia . . . como en un mal sueño nos dejó varados en la isla del olvido, presos. . . . Ni dignidad ni letras para los esclavos, dijeron los dominadores, solamente la ignominia, la burla y la muerte" (183-84). La obra de por medio pretende proporcionar un textimonio al fundamentar la naturaleza de un mundo infrahumano.

La trama de *Peregrinos* se distingue por ser engañosamente reducida en eventos con una extensión temporal que dura un poco más de dos años. La apertura de la historia *in media res* permite entrar en acontecimientos de orden ordinario y rutinario. Nos topamos con Loreto Maldonado, un lavacoches y guardacoches, que deambula por las calles desoladas de una ciudad fronteriza buscándose la vida. Su circunstancia un tanto física como espiritual llega a verse como sintomática de lo que otros personajes están padeciendo. El ocupa el epicentro de la novela y de allí giran los demás en una forma concéntrica. En resumidas cuentas, Loreto sobresale como la *raison d'être* de las múltiples narraciones por el hecho de que se asocian con él directa o indirectamente. Desenvuelve varias funciones: desencadena la historia de vidas paralelas; sirve de eje narrativo como núcleo de referencia; es el punto donde convergen todas las vidas; y le otorga unidad situacional, espacial y trasfondo histórico a lo narrado. Careciendo de una acción principal, todo en la obra gira en torno a la búsqueda de una docena de personas por la supervivencia. De alguna manera, se relacionan ya que el destino los ha reunido en una localidad fronteriza: "la república que habitaríamos los espaldas mojadas, los indios sumidos en la desgracia y los chicanos esclavizados. Sería la nuestra, la 'República de Mexicanos Escarnecidos' " (96). Esa coexistencia de coincidencias, su legado personal o familiar, sus dilemas e ilusiones, igual que sus problemáticos y frágiles sueños—en conjunto, esto les da un sentido de estado común, de grupo o comunidad. Se desarrollan en la novela entonces estos nexos de convivencia, lo cual produce una historia mayor de víctimas y victimarios. En *Peregrinos* se traza una visión transversal de realidades y personajes contrarios que en muchos casos comparten un enlace simbiótico.

La armazón estructural en *Peregrinos* conduce a cuestionar quién se destaca como protagonista, debido a que un sinnúmero de voces anónimas, inclusive subconciencias, objetos personificados y seres míticos—hasta la muerte sale de personaje—se superimponen a las evocaciones o pronunciamientos de personas específicas. Vale recordar que el objetivo de la novela es adentrarnos en el caos y la turbulencia del sufrimiento humano de una colectividad. No importa tanto el enfatizar a un solo personaje, aunque ya se ha señalado cómo Loreto Maldonado, cuyo nombre sugiere "sin talento" y "con mala suerte", representa el foco, concediéndoles vida y relevancia a las historias sueltas de los demás. Contribuye a rescatarlas del olvido (Bruce-Novoa 1977, 63), no tanto como coleccionista sino por haberse topado con ellos, o por medio de las remembranzas, incluyendo lo que recoge de segunda mano. No obstante, Loreto—también inmerso en la miseria—apenas figura como protagonista implícito en una tercera parte de los fragmentos que componen la novela,[5] desempeñando el papel de receptáculo o depósito de confesiones, relatos y lamentaciones. Si su importancia disminuye como presencia, también aumenta su significación como persona responsable por darle unidad al desahogo colectivo.

Casi todo en el texto apunta a recrear una visión subterránea, la otra faz de la moneda, o la intra-historia de un sector que no pertenece a la sociedad oficial. Es consistente con el compromiso social del autor al crear un texto de oposición a la vez que ensalza una realidad ignorada: "Mas Méndez no escribe folletines políticos ni manifiestos utópicos—aunque sus obras contengan elementos de los dos" (Bruce-Novoa, "Torno", 81). Para lograr dicha finalidad, se pincelan a los personajes con rasgos propios y detallados, confiriéndoles dimensión psicológica de individualidad. Por ejemplo, se descubre que Loreto no es un lavacoches cualquiera, sino que es: "yaqui de pura cepa con la regia apariencia de una estatua arrancada de la entraña del granito" (38), y después de su muerte se describe en una fotografía como general en la Revolución Mexicana. En otro caso, Jesús de Belem se describe a sí mismo en términos ordinarios, no tanto como el posible ídolo redentor infalible; se considera médico de almas y cuerpos: "yo, aunque farsante, soy más médico que muchos pendejos que perdieron cejas y pestañas estudiando en las universidades" (106-7). Y la Malquerida, cuyo nombre sugiere una suerte desgraciada, no es la supuesta prostituta degenerada, y nadie sabe su nombre verdadero, Rosenda Pérez Sotolín. Surge del anonimato cuando las autoridades la procuran para averiguar la muerte de su hermano y allí es cuando se expone su desdicha por haber sido secuestrada y engañada, terminando como una pobre pueblerina explotada: "Yo era una humilde mecanógrafa con el alma plena de ilusiones, muy hermosa . . . como era buena y honrada merecía lo mejor del mundo. . . . ¿quién le concede justicia a una muchacha humilde, sin dinero y sin influencia política?" (130-31). A través de la obra se indaga en vidas semejantes para delinear sus cualidades singulares y así eliminarles la cara borrosa de "sombras, fantasmas, seres inexistentes" (56). De esa manera, los personajes cobran profundidad como experiencias vitales merecedoras de la atención y compasión del lector.

La novela de Méndez documenta una realidad social fronteriza que por lo general queda oscurecida o relegada. Trata de diversos casos crónicos que padecen en carne propia el desempleo, la pobreza, el hambre, la guerra y la prostitución: "el hambre los tumba y el orgullo los levanta" (27). Narra sobre un espacio literario que hasta 1974 se había pasado por alto como materia prima, con pocas excepciones como Luis Spota en *Murieron a mitad del río* (1948). Por lo tanto, el escritor chicano ahonda en elementos peculiares a la franja cultural propios de una especie de *no man's land*. Acude a técnicas que permiten la complejidad de niveles igual que la simultaneidad de acción o reflexiones. Mucho de lo que el lector observa nace de Loreto, cuya presencia se siente en varias ocasiones como sombra "sumiéndose en recuerdos, luchaba con un pasado brumoso, como un nadador que quisiera navegar contra la corriente de un río presuroso" (84). Es decir, lo narrado surge como fuerza incontenible desde lo más interior de su existencia, lo cual explica un contenido dinámico y vibrante. Por medio de Loreto, llegamos a conocer la impotencia rabiosa de una serie de voces que desahogan sus frecuentes frustraciones. El *leit motif* de "voces" impregna el mundo narrado y es imprescindible subrayar que incluso personas específicas, como Loreto y los otros once protagonistas, se manifiestan más en forma anónima que como individuos. Estas voces, a veces asumiendo características de personajes independientes, predominan como ecos y en otros casos murmullos, dándole al texto una índole de estar presenciando una sublevación de seres marginados: "Aquí las voces caminan lejos porque naiden las detiene" (65); "La ciudad con su ventarrón de voces también remolineaba las de ellos por los parajes de la tristeza" (68); "Los hombres partían a sus quehaceres, malhumorados . . . Dejaban un reborujo de gritos de niños . . . y las madres gritando con notas tan agudas e histéricas . . . que curiosamente coincidía el volumen de sus voces con el ladrar de los perros flacos" (71); "Extraños sueños los del indio Loreto. . . . lo despertaron voces que no entendía" (111); "¡coros henchidos desgañitándose en los eternos laberintos del silencio!" (146); y "romped el silencio de las centurias con la agonía de vuestros gritos" (184).

Al par de las repetidas alusiones a una radiografía de voces en que "la historia escrita, coqueta liviana, los desdeña . . ." (157), se recalca sobre la causalidad de sus desahogos. El factor decisivo es el hambre, vista visceralmente en términos de motivo inicial que provoca el peregrinaje a los Estados Unidos, o sea, considerado meca para los hambrientos. Aquí figura como elemento obsesivo que se matiza con una serie de anáforas:

> Los viejos pueblos herrumbrosos cobraban desahogo. . . . El hambre, combustible de ilusiones, no se estrellaría más contra el círculo de sierras. . . . el hambre desesperada que saltando de las crónicas se ha echado por las carreteras que llevan hacia el norte. . . . en el trayecto van sembrando sus voces como una enredadera de lamentos, como un rosario de blasfemias, como una escalera de preguntas sin respuesta. . . . Hombres que han habitado el espacio, pegados a la tierra como los cactos y el maíz . . . Van a los Estados Unidos a buscar alimento desesperadamente. Tienen hambre ellos, tienen hambre sus hijos, sus mujeres tienen hambre, un hambre de siglos, hambre rabiosa, un hambre que duele más allá de las propias tripas . . . ¡Hasta la entraña materna!, hambre de tener una mesa con tortillas, con frijoles . . . ¡Hambre de comer algo! Para que las tripas no aúllen como perros torturados. . . . ese llanto del hambre tan agudo en su desmayo que escarba sepulcros. . . . (55-56)

El hambre casi siempre viene acompañada por su fiel complemento, la sed. Las dos necesidades esenciales para la supervivencia cobran carácter humano en los peregrinos por medio de unas insistentes imágenes de "arrastrarse", el proceso definitivo de la humillación. El arrastrarse, el favorito verbo *leitmotif* rechinante de la novela, marca el grado de nivelación de los seres míseros, reducidos a un plano sub-humano: "Habían caminado toda la noche anterior, seguían de frente dispuestos a descansar a la primera sombra . . . sólo sus sombras cansadas arrastrábanse untadas en la arena caliente" (64); y "Del sur iban, a la inversa de sus antepasados, en una peregrinación sin sacerdotes ni profetas, arrastrando una historia sin ningún mérito para el que llegara a contarla, por lo vulgar y repetido de su tragedia" (66). Como es evidente, la novela no intenta ser subliminal en sus descripciones. Al contrario, trata de sacudir y producir un efecto chocante para que el lector se entere de la "perversión interminable".

Con el fin de involucrar al lector en las tragedias encadenadas, y así proporcionar mayor dimensión narrativa a la materia, Méndez ha creado un complicado sistema de narrar. Las acciones giran en torno a Loreto, a veces en una especie de vértigo, y es él quien suplanta el desorden con su visión integradora que simula una historia de espejismos. También opera a varios niveles de ambigüedad cuando las voces se funden. La novela, como consecuencia, se convierte en una caja china de sagas troncadas donde los narradores o personajes y sus actos o palabras se confunden:

> Through the use of flashbacks, memories, dialogues, the superimposition of times and spaces and the juxtaposition of a variety of linguistic idioms, Méndez

has created a complex kaleidoscopic effect. . . . In this sense, Méndez joins the
mainstream of the contemporary novel. (Gonzales-Berry 1976, 86)

Por si esto fuera poco, al acento plurivalente de *Peregrinos* se observa en una estructura experimental prefigurando las técnicas cinematográficas de montaje y *racconto* en una obra
arquitectónica compuesta de sueños, delirios, *stream of consciousness,* monólogos interiores,
narraciones fragmentarias, perspectivas múltiples, vidas paralelas, voces míticas, meditaciones,
saltos espaciales, diálogos, recuerdos o ensueños, indagaciones líricas y versiones distintas del
mismo hecho (Lomelí y Urioste, 43-44). La contextura delata una obra llena de estratos
connotativos en un conjunto dinámico y conmovedor.

Los personajes principales por lo general empiezan en la pobreza, siguen en el anonimato,
luego son explotados y finalmente mueren sin trazas de algún reconocimiento. A los migrantes o
"peregrinos" se les asocia con emprender un viaje por devoción religiosa para visitar un santuario, pero esa alusión alegórica corresponde más bien en *Peregrinos* a viajeros en busca de la
superación económica y espiritual. Consideran a Aztlán como ese santuario y el desengaño les
enseña que su larga trayectoria los ha conducido a la perdición. El materialismo de Aztlán, como
la franja fronteriza, en vez de ser lugar donde realizarse se convierte en "caminos, eternos calvarios" (56) de la codicia y la deshumanización. En cambio, el Aztlán mítico en las versiones milenarias de poetas (el vate y Lorenzo Linares), los "verdaderos revolucionarios" (Rosario Cuamea
y Loreto Maldonado) y otras voces anónimas (de orden mitológico) contrarrestan el materialismo
vulgar con un mundo idílico, sugiriendo un retorno a la mitología azteca. En algunos casos, sólo
les quedan sus ilusiones: "vi en peregrinaje a muchos pueblos de indios hollados por la tortura
del hambre y la humillación del despojo, recorrían a la inversa antiguos caminos en busca del
origen remoto" (96). Por lo tanto, el desierto nutre como destruye (Johnson, 52-53), mientras
que la ciudad fronteriza—seguramente Tijuana por sus calles y su famoso centro de burdeles y
clubes nocturnos—[6] figura como diosa del vicio. Desconsuelos poéticos brotan del vate y de
Lorenzo, admirando lo majestuoso y la belleza árida del desierto, cuya contradicción reside en
ser un féretro ("eres la tumba inmensa de los proscritos y del imperio de los indios", 88) y una
potencialidad ("el desierto, virgen de la voluntad del creativo", 95). En contraste con el desierto—poética telúrica—que ofrece vida o muerte, la ciudad resulta devoradora donde los seres
son socavados de su humanidad de tres maneras: borrándoles la identidad, cosificándolos y
animalizándolos (Alarcón 1989, 92). Los anglos acomodados, como la familia Cocuch y la familia Fox (nótese que se afemeniza a "Foxye" al castrarse), llevan una existencia hueca y deca-
dente, cegados por la ambición sin escrúpulos. El Chuco, el personaje chicano de más relieve,
sirve de ejemplo para denunciar a la sociedad que lo ha estereotipado, lamentando los efectos en
personas de su grupo social. Pese a sus destrezas en la labor agrícola como invencible campeón,
siente haber sido reducido a un ente insignificante que sólo cuenta por su trabajo. Por lo menos
se conforma con llamarse "chicano": "siquiera ya es uno algo" (38). Lo trágico está en que los
mencionados personajes mueren de diversas formas: Loreto Maldonado fallece "de pura hambre
crónica" y vejez en su jacal al estilo del antiguo barrio tijuanense llamado Cartolandia; Lorenzo
Linares delira ("desde antes de morir, siempre fuiste recuerdo", 146); Pánfilo Pérez se metamor-
fosea en un enorme pájaro de alas negras—como Ícaro—y cae cuando el sol le da un soplón;
Frankie Pérez, soldado chicano de Vietnam, muere solo en Asia aunque Loreto ya había atendido al joven solitario en un "velorio simbólico" después de un desmayo; el colorido y recordado
compañero revolucionario de Loreto, Coronel Rosario "Chayo" Cuamea, quien desflora a la
muerte en una escena esperpéntica, muere simbólicamente una segunda vez al rescatarse su vida
en las reminiscencias de Loreto; Jesús de Belem, símbolo del cristianismo terrenal y humanista,
es golpeado por las autoridades policíacas; y el artista "El Cometa" enloquece al fracasar en su

búsqueda por su hijo perdido. Como puede verse, todo parece terminar en muerte o destrucción, volviendo al estado original del ámbito lleno de ceniza, unos "círculos gruesos nubarrones oscuros", o a la "pesadilla infame".

V. Conclusión

Miguel Méndez crea en *Peregrinos* una novela abrumadora de múltiples implicaciones. Las inexorables tragedias de los desamparados se explayan a veces con un estilo descarnado y provocador. Los distintos estratos de significado permiten revivir las experiencias de los personajes directa e indirectamente, exponiéndose una humanidad indefensa en agonía ante infinitos obstáculos. Pese a esta visión de desesperanza, la obra contiene unas notas en busca de la catarsis y regeneración, algo que se confirma con las varias alusiones a vuelos, transformaciones y seres mitológicos. Es decir, está subyacente una fuerte noción de trascendencia o lo que Cecilia Ubilla-Arenas designa como el sueño humanista (Ubilla-Arenas, 75). En ese sentido, la obra de Méndez es fiel en documentar por medio de la ficción un textimonio totalizador que contribuye de sobremanera a la literatura chicana. Tal vez es más significativo que su novela aporte al entendimiento de una patente y olvidada realidad social fronteriza entre dos países. Aunque Méndez no se propone soluciones fáciles o categóricas, las voces milenarias, refiriéndose a los "caballeros tigres" y los "caballeros águilas", hablan por sí mismas al final con sugerencias simbólicas ("Regresad más allá de la cruz de caminos, romped el silencio de las centurias . . .", 184). El consejo elucidor apunta a relacionar lo mítico (creencias o lo cultural) con lo histórico (materialismo o acondicionamiento social) con el fin de definir el destino: "El destino es la historia y la historia es el camino tendido ante los pasos que no han sido" (184). Nos parece claro que el autor aboga por la autodeterminación histórica al reconciliarse, primero, con su pasado y de allí enfrentarse con osadía a las exigencias del mundo moderno.

UNIVERSIDAD DE CALIFORNIA, SANTA BARBARA

Notas

[1] Véase la tesis doctoral de Alejandro Dennis Morales ("Visión panorámica de la literatura mexicoamericana hasta el boom de 1966", Rutgers University, 1976), quien propone por primera vez el concepto del *boom*, aludiendo paralelamente al fenómeno latinoamericano. Aunque situar el año de 1966 como el inicio del *boom* parece prematuro, el resumen de algunos factores claves son valiosos para entender el florecimiento que llegó a una cumbre en la década de los setenta. Fue más bien Philip D. Ortego, con su tesis "Backgrounds of Mexican American Literature" (University of New Mexico, 1971), quien entabló una discusión pormenorizada acerca del concepto del Renacimiento chicano.

[2] Esto se discute más a fondo en un artículo inédito mío titulado "Quinto Sol: Genesis of a Generation".

[3] El discute dicho concepto a fondo y con numerosos ejemplos en "Cuatro siglos de prosa aztlanense", *La Palabra* 2.1 (Primavera 1980): 2-15. Sin embargo, la etiqueta de "literatura aztlanense" le corresponde a Guillermo Rojas, quien por primera vez se refiere a tal fenómeno así en su "Toward a Chicano/Raza Bibliography: Drama, Prose, Poetry", *El Grito* 7.2 (December 1973): 1-85.

[4] Véase su lúcida exposición en *La novela hispanoamericana contemporánea* (Buenos Aires: Editorial Columba, 1970), 150-58. Mucho de lo que explica se relaciona con la novela de Méndez, sobre todo, los saltos de lo objetivo a lo subjetivo y lo siguiente: "La configuración de un espacio total con proyección mítico-histórica, demanda una actitud alerta del narrador y un acercamiento al lector para que no decaiga su participación en la ficción" (152).

[5]Se puede observar que la primera edición de *Peregrinos* de 1974 está dividida en tres partes que van descendiendo en su extensión (de 91 a 73 a 27 páginas): la Parte Primera de la mencionada edición consiste en 33 fragmentos identificables (con sus respectivas subdivisiones) donde Loreto aparece en 8; la Parte Segunda está compuesta de 12 fragmentos (de nuevo con más subdivisiones) donde él está presente en 4; y en la Parte Tercera de 6 fragmentos (también con subdivisiones internas) el protagonista sólo figura en 2. Nótese que el papel de Loreto se reduce por la mitad de una parte a la subsiguiente. Es significativo considerar la estructura externa de la primera edición ya que en ella se insinúa una asociación bíblica por la insistencia tríptica—resulta más obvio en la primera parte de 33 fragmentos—, sugiriendo así la condenación perpetua de los "peregrinos" mediante el sacrificio y terminando en el crucifijo o la muerte. Coincidentalmente, la presencia de Loreto Maldonado en 14 segmentos narrativos se asemeja a las 14 estaciones del Vía Crucis. Además, los relatos en su conjunto describen a 12 personajes principales, como portavoces del sufrimiento entre las víctimas y la decadencia entre los victimarios—inversión simbólica de los apóstoles. Otro elemento bíblico indiscutible es Jesús de Belem (a veces Belén) como analogía prototípica de Cristo, sólo que en la novela se hace hincapié en sus cualidades humanas por ser curandero y yaqui.

[6]Aunque en una ocasión se menciona el nombre de Tijuas, la forma diminutiva para Tijuana, lo más seguro es que cierta ambigüedad existe respecto a la ciudad específica porque en otra escena se refiere a un ferrocarril, haciendo pensar en Mexicali ya que Tijuana nunca ha tenido servicio de trenes. Nótese también el juego de palabras ingenioso al referirse a Tijuana como "esta ciudad singular con aires de reputación dudosa . . ." (20).

EN LA FRONTERA DEL LENGUAJE: ESCRITORES Y LECTORES EN *PEREGRINOS DE AZTLÁN*

Manuel M. Martín-Rodríguez

Desde su publicación en 1974, la novela *Peregrinos de Aztlán* de Miguel Méndez ha despertado el interés constante de un grupo más o menos reducido pero fiel de lectores y críticos en los Estados Unidos, así como en México y otros países. Para aquellos que estamos en uno de esos grupos, las razones de nuestro interés son obvias: se trata de una novela fascinante en que una realidad esperpéntica fronteriza se nos recrea con una barroca mezcla de lenguajes y códigos que cautiva por su constante exigencia de colaboración.[1] Esta riqueza de materiales narrativos y lenguajes es, paradójicamente, la que enajena a otros muchos lectores para quienes el esfuerzo que la novela exige resulta (sea por razones lingüísticas o de experiencia) demasiado. Se halla, por tanto, *Peregrinos* en esa zona peligrosa de la literatura chicana en que se arrumban obras de indudable mérito pero de difícil lectura. Una zona que, por desgracia, abarca en su extensión a muchas otras obras escritas en español, cuyo estudio y apreciación sufre por una especie de pereza académica a la hora de incorporar en la investigación y las listas de lecturas aquellos libros que pueden resultar dificultosos para receptores no hispanohablantes.[2]

De naturaleza fronteriza, la novela de Méndez deliberadamente combina mundos y lenguajes en busca de reflejar (de forma distorsionada, como el esperpento de Valle Inclán) el tiempo-espacio del encuentro de mundos contiguos pero separados por una distancia de años luz. En *Peregrinos* coexiste (y se entremezcla) la pobreza del México rural y fronterizo con la opulencia de los barrios residenciales a ambos lados de la frontera, la contracultura de los hippies con los discursos de la revolución institucionalizada, los recuerdos del desengaño con la esperanza de llegar al norte, la tragedia de los yaquis con la guerra de Vietnam, la explotación en los campos de Arizona y California con la de los burdeles de Tijuana, la justicia corrupta con la religión comercializada, el español popular con el formal, el caló con el inglés, la picaresca con la nobleza, etc. Se trata de mundos que sólo la encrucijada fronteriza pone en contacto, contacto que embriaga y desorienta tanto como el alcohol que se consume en la cantina Happy Day:

> El buen Chuco se marchó caminando por un mundo cóncavo que se ladeaba como coctelera. Se aplanaban los edificios, las calles se levantaban como paredes pavimentadas, los letreros de la ciudad caían como escupitajos con la terquedad de sus mensajes, untándose en las frentes, atenazando nucas con insistencia de arpías sacaojos. (84)[3]

Se trata de una realidad deformante y deformada que se percibe mejor con la lucidez de la intoxicación, como ocurría anteriormente en *Luces de bohemia* de Valle-Inclán, una obra en donde también la deformación de la realidad toma carácter de crítica estética y política gracias a la incorporación de personajes escritores. Valga como ejemplo el siguiente diálogo entre sus dos personajes principales, Max Estrella, un poeta ciego y visionario, y don Latino de Hispalis, picaresco gorrón que lo acompaña:

> MAX: Los héroes clásicos reflejados en los espejos cóncavos dan el Esperpento.
> El sentido trágico de la vida española sólo puede darse con una estética sistemáticamente deformada. . . . Las imágenes más bellas en un espejo cóncavo

son absurdas. . . . Mi estética actual es transformar con matemática de espejo cóncavo las normas clásicas.

DON LATINO: ¿Y dónde está el espejo?

MAX: En el fondo del vaso. . . . Latino, deformemos la expresión en el mismo espejo que nos deforma las caras y toda la vida miserable de España. (106-7)[4]

Los espejos cóncavos de la frontera entre México y Estados Unidos proporcionan a Méndez material y estilo narrativo, se convierten en un cronotopo fronterizo de la deformación en la que el tiempo, como en esos famosos relojes pintados por Dalí, se estira y se derrite revelando lo falso de la contigüidad espacial: las realidades yuxtapuestas en el mundo de la novela en 1974 (o 1968, o cualquier otra fecha) pertenecen a historias radicalmente distintas, a mundos que se tocan, pero que nunca se llegan a fusionar en esta especie de agujero negro que es la ciudad fronteriza.[5] En dos ocasiones se dramatiza de manera elocuente en *Peregrinos* la dislocación de los parámetros espaciotemporales. La primera, en el desierto, cuando varios personajes que lo cruzan a pie son rebasados por autos:

> Por esos caminos, eternos calvarios, muchos sobrevivirán a su agonía de sed y de hambre mirando a los autos pasar veloces por otro estadio del tiempo con la casual coincidencia del espacio. Algunos conductores los han percibido de soslayo, pero han seguido de largo indiferentes, porque saben que al fin no son otra cosa que sombras, fantasmas, seres inexistentes. (56)

El espejo retrovisor de esos veloces autos (la deformación óptica y memorística de sus conductores) reduce a los peregrinos a monigotes sin existencia. El venerable cronotopo del camino, tradicionalmente propiciatorio de encuentros, se halla ahora tecnologizado en la novela de Méndez y desprovisto de su capacidad para poner a los personajes en contacto unos con otros; este camino del desierto no allega a los personajes, sino que los separa.

En el segundo ejemplo que quiero utilizar sí se llega a producir un encuentro físico entre un "jipi" pacifista y antiabortista y Loreto Maldonado, veterano de la Revolución y oyente de las confesiones y delirios de muchos otros de los personajes del libro. Tras un monólogo del "jipi", primero en inglés y después "en un español universitario" (85), "se perdieron ambos, separados por espacio de siglos, aunque sus cuerpos estuvieran próximos" (85). La proximidad corporal, en este caso, tampoco llega a articularse en una relación comunicativa, distanciados como están los personajes por ese espacio secular que los aparta.

Es obvio que en su tratamiento del tiempo-espacio, en su postulación del cronotopo fronterizo, Miguel Méndez ha puesto especial cuidado en recrear el momento de crisis en que el tercer mundo y el primero se codean y se rozan. Los personajes, por su parte, se presentan también en crisis: aparecen fuera del tiempo biográfico, puesto que a Méndez parece interesarle más mostrarnos "how an individual becomes other than what he was" (Bakhtin 115), para lo cual nos deja ver "only one or two moments that decide the fate of a man's life and determine its entire disposition" (Bakhtin 115).[6] Este recurso, en *Peregrinos,* funciona por lo general de una manera retrospectiva, puesto que los personajes aparecen primero ya formados en el presente de la vida cotidiana fronteriza para revelársenos después sus vidas pasadas en fragmentos narrativos que nos retrotraen a un momento del pasado (por lo general) más glorioso.[7] El lector, a medida que se va adentrando en la novela, se va viendo obligado a reevaluar a los personajes a la luz de sus vidas anteriores, contrastando lo que son con lo que fueron y reconstruyendo la progresiva deterritorialización que los empuja hacia la línea fronteriza en que pasado y presente se confabulan para hurtarles el futuro.[8] La trama, por tanto, aparenta detenerse en un tiempo-espacio instantáneo (el aquí y ahora) que sólo se puede extender hacia atrás: no hay a-ventura porque no se puede progresar, los personajes se quedan inmortalizados en una des-ventura crónica.

Así, por ejemplo, la primera página de la novela nos presenta al Loreto ya anciano y resentido condenado a vivir con sus recuerdos:

> La vida se le aferraba terca a unos miembros enfermos que se dolían de la luz y el aire; el corazón le brincoteaba como sapo rocanrolero y el cerebro le borboteaba caprichoso episodios de su vida sin invocarlos. El afán engorroso de ordenar recuerdos en fila cronológica ya le resultaba inútil; existía con el ánimo encañonado hacia cosas vivas del pasado. (25-26)

Sólo más adelante en la novela, al acceder a los recuerdos de su época revolucionaria (esas "cosas vivas del pasado"), llegamos a conocer al Loreto idealista y lleno de vida, oficial en una de las facciones de la Revolución Mexicana. El discurso novelístico, como inversión selectiva de la historia, nos marca el estancamiento de Loreto en un presente sin salida, prefigurando de manera trágica la degradante muerte del personaje hacia el final de la novela.[9]

Lo mismo ocurre, en general, con el resto de los personajes que impresionan al lector de una manera u otra. Aparecen, monologan sobre su crisis personal (o bien ésta es relatada por el narrador) y desaparecen tras contár(se)nos su pasado. En muchos de los casos, los personajes sólo reaparecen cuando se narra su muerte, único instante de proyección hacia el futuro en la novela. Así por ejemplo conocemos al Cometa, el mendigo más degradado de todos los que abundan en las páginas de *Peregrinos,* el cual resulta haber sido en otro tiempo un actor cómico de gran éxito. Tras narrarse su gloria ya pasada, el personaje, sin nada más que aportar a la novela, muere una muerte gastada y denigrante. En este sentido, el Cometa, como la inmensa mayoría de los personajes de *Peregrinos,* son variantes de la categoría que Todorov ha denominado "narrative-men", en la cual

> a character is a potential story that is the story of his life. Every new character signifies a new plot. . . . The appearance of a new character invariably involves the interruption of the preceding story, so that a new story, the one which explains the 'now I am here' of the new character, may be told to us. (70)

De ahí la estructura fragmentaria de *Peregrinos* y la ausencia de una trama lineal progresiva que varios otros críticos han notado. De ahí también la necesidad de crear personajes que escuchen las historias de los otros. El más importante de ellos, por supuesto, es Loreto Maldonado, al que algunos han llamado centro de conciencia de la novela (Bruce-Novoa, "Voices", 210), pero que en realidad es sólo el principal de los numerosos "oyentes" en la obra, una categoría que podríamos denominar (parafraseando a Todorov) "narratee-men" o "listening-men" y que incluye también al cantinero del Happy Day (que es quien escucha—y nos deja "escuchar"—la historia del Buen Chuco), al licenciado Espíndola Fernoch (que escucha las declaraciones de los personajes que encuentran el cadáver del Vate), así como a otros varios de menor importancia. El propio Bruce-Novoa parece reconocer el problema de postular a Loreto como único centro de conciencia de la novela cuando concede que no queda claro cómo podría llegar Loreto a escuchar todas las historias del libro. La solución de Bruce-Novoa, admitir que hay "other possible centers for the voices . . . like the cantina Happy Days [*sic*] or Tijuana itself" ("Voices", 210), añadiendo a continuación que "Loreto is *the only human center* possible" (210, énfasis añadido), no nos satisface. En primer lugar y sin ningún género de duda podríamos confirmar que es obvio que Loreto no puede escuchar todas las historias, puesto que una de las que se narra es la de su propia muerte (168-72). En segundo lugar, la existencia de otros personajes humanos que escuchan historias es indiscutible, como acabamos de ver. El problema surge, en mi opinión, del intento de Bruce-Novoa de centralizar una novela tan intencionalmente descentralizada como es *Peregrinos,* cuya manera de ser es dispersiva antes que aglutinante y plurivalente antes que unificadora. Como los rizomas de que habla G. Deleuze, podríamos decir que *Peregrinos* "contains lines of segmentarity according to which it is stratified, territorialized, organized, signified, attributed, etc., as well as lines of deterritorialization down which it constantly flees" (Deleuze, *Reader,* 32). Lo que quiero sugerir es que *Peregrinos,* a la vez que propone líneas de organización del sentido, propone otras que lo desorganizan; para toda apariencia de centro en la novela (Loreto) hay otros varios "centros" que, valga la paradoja, la *des*centran (Espíndola, el amigo del Buen Chuco, Doña Candelita, etc.).[10]

El estado de crisis y el destino trágico que Méndez reserva a sus personajes no se limita sólo a los personajes que viven al sur de la frontera. También los personajes del lado norte se presentan como seres deterritorializados, que viven en un presente estancado, presos de sus recuerdos o de sus errores pasados. La narración de la vida del "jipi" al que ya aludimos, por ejemplo, se extiende sólo hacia atrás en la secuencia cronológica, lo suficiente para conocer los ambiciosos planes que sus ricos y avarientos progenitores le tenían reservados. El muchacho, sin embargo, en lugar de convertirse en abogado de éxito y encargarse de los negocios familiares, opta por la desposesión y acaba, como tantos otros, engullido por la monstruosa ciudad fronteriza. Lo mismo ocurre con Frankie, el joven chicano que ahoga su miedo en una borrachera antes de partir a la guerra de Vietnam; conocemos instantes de su pasado y entrevemos, entrenados por el fatalismo de la novela, su futuro trágico: la muerte en acción que se nos confirma en la página 156.

En este sentido, *Peregrinos* nos hace recordar también a *Luces de bohemia,* en cuanto los personajes viven una limitada existencia sin futuro, casi siempre nocturna, que les conduce a la muerte mientras "los más lúcidos" reflexionan sobre lo injusto de la vida que les toca vivir. Lo interesante, como ya sugerí, es que su reflexión, en ambos libros, se convierte al mismo tiempo en una consideración metaliteraria que se adentra en cuestiones de estética, referencialidad, caracterización, etc.

En *Peregrinos,* este discurso metaliterario comienza ya en el "Prefacio", dirigido al lector, en el cual una figuración autorial que se firma "El Autor" pondera las posibilidades de que su obra llegue o no a ciertos públicos, al tiempo que justifica algunas de sus características definitorias. Se trata de una figura próxima a lo que, a partir de Wayne Booth, viene llamándose "autor implícito", en la medida en que nos habla sobre el plan general de la obra.[11] En uno de los momentos más citados de la novela, el comienzo del "Prefacio", "El Autor" nos interpela con ironía evidente:

> Hice un plan y una estructura previa, lector, para escribir algo que conmoviera sensibilidades exquisitas, con el anhelo agregado de alcanzar una sonrisa de aprobación de parte de alguno de los muchos académicos de la lengua, de tantísimos como los hay dados a la tarea de espulgar el vocabulario. Te confieso que falló mi intento preconcebido, no por mi voluntad, sino por una extraña rebelión de las palabras. (21)

Así como los personajes se nos presentan ya configurados desde su primera aparición, como vimos, una de las funciones destacadas de este párrafo inicial es definir (por eliminación de otros públicos) el lector ideal de la novela: "académicos de sensibilidades exquisitas need not apply", por usar la expresión del inglés. "Las palabras rebeldes", continúa poco después "El Autor", "Me aseguraron que se impondrían en mi escrito para contar del dolor, el sentimiento y la cólera de los oprimidos" (21), añadiendo que ellas mismas se presentan como "fiel expresión de las mayorías" (21). Este razonamiento, que en cualquier obra de ficción remite a la necesidad de usar un lenguaje adecuado a la realidad que se presenta, en el caso de *Peregrinos* adquiere un matiz adicional por referirse a la cuestión del lenguaje o los lenguajes utilizables por una literatura chicana que, en los 1970, se ve a sí misma como literatura naciente, "life in search of form", según la conocida fórmula de Tomás Rivera. Es decir que en el "Prefacio" no sólo se trata de autentificar la realidad novelada por medio del lenguaje utilizado, sino también de postular dicho lenguaje (y dicha realidad) como entidades dignas de convertirse en literatura, algo que también reconoce "El Autor" cuando irónicamente constata: "Me reí de veras viendo que las voces de los desgraciados pugnaban por subir a los sagrados escenarios de la literatura con las caras sucias y sus trajes de villanos, rotos y desfondillados" (21). Por el resto de la obra, el lenguaje de los desgraciados será el auténtico protagonista, matizado a veces por un discurso narratorial irónicamente altisonante, o bien por digresiones poéticas donde lo sublime y lo grotesco pugnan por el espacio textual. Inglés y español se alternan, como vimos, como lo hacen también el caló popular y la gramática formal, ya que la naturaleza fronteriza de *Peregrinos* hace que su discurso se sitúe también en las fronteras del lenguaje, habitando en los intersticios que la colusión de espacio-tiempos y culturas ha creado.

Aún más, si creemos a "El Autor" cuando nos asegura que "el manuscrito de esta novela estaba ya completo en 1968" (22), en uno de los momentos del "Prefacio" en que esta figuración literaria más se nos acerca al Miguel Méndez de carne y hueso, la redacción de su texto resultaría ser anterior a la explosión editorial de la década de 1970 (auspiciada desde 1967 por la revista *El Grito,* así como por otras actividades de la Editorial Quinto Sol a partir de 1969).[12] Significa este detalle que los cauces editoriales y los públicos subsiguientes, que hoy damos por descontados, no estaban todavía creados ni eran accesibles para Méndez cuando redactó su novela. Su alter ego, "El Autor", se ve por ello obligado a definir o delimitar sus lectores ideales, o más bien a imaginarlos, consciente de que la literatura chicana contemporánea tenía que crear un nuevo público al nivel nacional más allá del alcance local de ciertas publicaciones. Por tanto, la cuestión palpitante para Méndez, como para muchos otros escritores y escritoras chicanos, no era sólo darle forma a la vida sino encontrar un público lector ("life in search of readers", como he sugerido en otro lugar, adaptando la fórmula de Tomás Rivera).[13]

Incluso si el "Prefacio" fuera posterior al manuscrito (es decir, si se hubiera escrito especialmente para la primera edición en 1974), todavía podríamos detectar en el interior de la obra ciertos segmentos que tematizan la relación entre escritor y público y que nos sirven para reconstruir el hilo discursivo metaliterario, confirmándonos que la reflexión metapoética no es un añadido de última hora sino una preocupación inherente en *Peregrinos*. Prueba evidente de que esta preocupación va más allá de la convención del prólogo se encuentra en la utilización por parte de Méndez de varios personajes escritores en su obra, los cuales le sirven para extender su meditación sobre la literatura hasta el interior de la novela. Con diversos grados de proximidad a "El Autor", cada uno de estos personajes aborda también cuestiones relativas a la creación literaria y el público. Al análisis de dichos personajes (y de la perspectiva que nos ofrecen para la lectura de *Peregrinos*) se dedicarán las páginas que restan.

La crítica, hasta ahora, se ha visto poco inclinada a tratar de los personajes escritores. El énfasis de los estudios publicados ha recaído más bien en la presentación de la sociedad o sociedades fronterizas (Gutiérrez-Revuelta), en la relación de *Peregrinos* con el esperpento (Alarcón) o con la novela de la Revolución Mexicana (Rojas), en la utilización de arquetipos para la construcción de la novela (Cárdenas), en la dimensión mítica pre-hispánica (Segade), en el lenguaje tropológico (Brito) y la estructura dialéctica (Bornstein), o bien en la novela como transición de una cultura tradicional oral—en peligro de desaparición—hacia formas de la escritura que la documentarían, asegurando así su supervivencia (Bruce-Novoa, "Voices" y "Righting").[14] Según esta última lectura, la más pertinente para nuestro tema, Miguel Méndez actúa como la voz del silencio, la voz narrativa que permite "hablar" a través de su texto a los desposeídos, a los que no tienen voz. Al mismo tiempo, sugiere Bruce-Novoa, las dificultades del texto son una especie de test de idoneidad para el lector, una serie de pruebas que cada lector debe superar para demostrar que es digno de convertirse en depositario de la sabiduría tradicional oral ("Voices", 208). De pasada, Bruce-Novoa nota también que *Peregrinos,* al evitar que la tradición oral desaparezca, consigue precisamente eludir el cruel destino que la novela reserva para dos de los personajes escritores de la novela (Lorenzo Linares y el Vate), cuyas obras acaban arrumbadas o perdidas ("Voices", 209). En un artículo posterior, "Righting the Oral Tradition", Bruce-Novoa resume sus principales ideas sobre *Peregrinos* y sus lectores, a la vez que profundiza en su análisis con la consideración ahora del poemario de Méndez *Los criaderos humanos (épica de los desamparados) y Sahuaros.* Por tocar en cuestiones metaliterarias, me interesa sobre todo el siguiente fragmento en que Bruce-Novoa compara las obras en prosa de Méndez con su recién publicada poesía:

> Whereas the previous works ["Tata Casehua" y *Peregrinos*] concentrated on the reader's role, and only implicitly on that of the writer's function in the process of converting the oral tradition into a written text, this book [*Los criaderos*] explicitly names the central character and first person narrator as a poet. And since the book offers a line of thought and a technique completely consistent with the prose, *Los criaderos* can be read as an *ars poetica*. (80, énfasis en el original)

Lo que me interesa recalcar al traer a colación esta cita es que la consideración de la figura del escritor y de su actividad no es, de ninguna manera, algo nuevo en *Los criaderos* ni apareció sólo implícitamente en *Peregrinos.* Por el contrario, como vengo sugiriendo, dicha reflexión se hace ya explícita en el "Prefacio" y continúa en los fragmentos dedicados a los personajes escritores. En *Peregrinos,* por lo tanto, no se trata sólo de cómo conservar la tradición oral sino también de cómo mantener y contribuir a una tradición escrita y de cómo formar un público lector. Valga añadir, por ello, que varios son también los personajes de *Peregrinos* que aparecen caracterizados como lectores; a su estudio dedicaremos asimismo parte de este ensayo.

El problema principal a la hora de examinar a los personajes escritores en *Peregrinos* surge de lo que parece ser una deliberada imprecisión por parte de Méndez a la hora de identificarlos. En total, pueden contarse hasta seis posibles escritores entre los personajes del libro ("seis personajes en busca de lector"). Sin embargo, la escasa información que poseemos sobre ellos exige cierta cautela, puesto que bien sería posible que alguno de ellos fuera en realidad otro de los personajes que ya conocemos, o bien que dos de los personajes escritores que aparecen sin nombre fueran en realidad uno solo. Con esas reservas, la posible lista de personajes escritores incluye a los siguientes, por orden de claridad a la hora de identificarlos como tales: (1) "El Autor" del "Prefacio" quien, como vimos, es una figuración narrativa del propio Miguel Méndez; (2) Lorenzo Linares; (3) El Vate; (4) Un personaje sin nombre, que parece ser también un alter ego de Méndez, y que aparece identificado de la siguiente manera:

> Era el otro chicano un sujeto alto y gordo, encanecido prematuramente, en su mestizaje triunfaba sublevado el legendario yaqui, encajaba en el estereotipo de la ignorancia y desde allí se burlaba de los avestruces emplumados de pavos reales, escribía libros que no leía nadie. (126-27)

(5) El narrador del fragmento en cursiva que comienza en la página 133, proxeneta y poeta frustrado; (6) Loreto Maldonado, en cuya chabola se encuentran (tras su muerte) documentos y "papeles amarillentos" (172), que sugieren la posibilidad de unas memorias o algún otro tipo de escritura de la cual Loreto sería el autor. Por ser menos interesantes para mis propósitos, ex-

cluyo de esta lista otros personajes que, en cierto sentido, son también escritores, aunque tal vez sería más adecuado llamarlos redactores. En este grupo se incluyen los anónimos autores de varios fragmentos periodísticos que se incluyen en *Peregrinos,* la esposa de Lorenzo Linares (que escribe una carta al Vate), así como el licenciado Espíndola Fernoch, quien redacta un florido parte de defunción que deja inconcluso.

En los casos de los tres últimos escritores que he identificado en mi lista, la duda primordial radica, como dije, en determinar cuántos de ellos son en realidad personajes diferentes y no uno mismo nombrado de diversas maneras. No sólo es imposible determinar si Loreto es realmente un personaje escritor o no (¿son esos papeles amarillentos unas memorias o sólo documentos personales?) sino que, además, carecemos de información suficiente para saber si: (1) El Vate es el escritor de libros que no leía nadie y/o el poeta proxeneta; (2) Loreto es el escritor de libros que no leía nadie (de ahí los papeles amarillentos); (3) el proxeneta y el escritor de libros que no leía nadie son el mismo personaje, diferente del Vate; (4) el autor sin público es Loreto (ambos son de origen yaqui) o el amigo del Buen Chuco; (5) el proxeneta y/o el autor inédito son "El Autor"; (6) todos ellos son personajes distintos, etc.

La indeterminación es, creo, intencional, uno de tantos recursos que colocan a la novela de Méndez en una realidad fronteriza donde los acontecimientos dejan de ser unidimensionales y donde los referentes se desestabilizan. La imposibilidad de distinguir categóricamente entre estos personajes sugiere, además, un giro adicional a la tesis de Bruce-Novoa sobre el peligro de desaparición de la tradición oral. Dicho giro nos permitiría hablar también de una tradición escrita, asimismo amenazada de extinción, de la cual estos autores sin nombre, olvidados y confundidos entre sí, serían representación y símbolo. Si es cierto, como sugiere Bruce-Novoa, que la tradición oral peligra por falta de comunicación intergeneracional ("Voices", 206), no lo es menos que existe una tradición literaria por escrito que igualmente ha languidecido y peligrado por falta de lectores. Gracias a nuevos avances en la recuperación y publicación de textos anteriores a 1959 conocemos hoy en día novelas como *The Squatter and the Don* (1885) de María Amparo Ruiz Burton o *Las aventuras de don Chipote* (1928) de Daniel Venegas. Gracias también a la existencia actual de amplios públicos interesados en la literatura chicana dichas novelas van a ser y están siendo ya incorporadas al canon de textos que se leen y se enseñan. Pero la situación en 1968/1974 era distinta, tal como nos lo recuerda la novela de Méndez, y numerosas obras de autores desconocidos u olvidados criaban polvo en armarios, baúles, bibliotecas y archivos sin lectores que les dieran vida.

El propio Méndez, en entrevista con Salvador Rodríguez del Pino, nos habla de varios textos inéditos escritos con anterioridad a *Peregrinos.* Según transcribe Rodríguez del Pino,

> A los dieciocho años Méndez escribe su primera novela [1948]. Esta obra, nos dice el autor, 'era una novelita de 120 a 150 páginas a la que nunca le puse nombre y que todavía la tengo sin publicar'. La necesidad de publicar no le interesaba por el momento porque pensaba que sus historias sobre la gente que había conocido no le interesarían a nadie. (40)[15]

Hasta la llegada del Movimiento Chicano, continúa interpretando Rodríguez del Pino, la situación no cambió. Fue entonces cuando "Méndez presintió, en ese nuevo movimiento que postulaba la emancipación del pueblo chicano para preservar su herencia cultural, la brecha que esperaba para dar luz a su creación artística" (40). Según esta información, se confirmaría una de nuestras hipótesis anteriores, la de que el personaje de *Peregrinos* que escribe libros que nadie lee fuera, como "El Autor", otra ficcionalización del autor real, como así interpreta sin dudarlo Rodríguez del Pino (45-46). Esta proyección del autor real en uno de sus personajes escritores no sólo nos interesa por su contenido autobiográfico sino también por introducir el tema de la existencia de escritores chicanos desconocidos, así como el de la necesidad de llegar al público para que la creación literaria tenga existencia plena. De esa manera, este otro "autor" de libros que nadie lee plantea y deja sin respuesta, en el interior de la novela, las mismas cuestiones que "El Autor" desarrolla en el "Prefacio". Por seguir la analogía biográfica, el autor de libros que no leía nadie correspondería al Miguel Méndez de 1948, mientras que "El Autor" representaría al Méndez que se decide a publicar en 1974. Entre uno y otro media una distancia no sólo temporal sino también de alcance literario, la que va desde el escritor de obra inédita hasta el escritor publicado, seguro de sí mismo, que increpa a sus lectores: "Lee este libro, lector, si te place la prosa que me dicta el hablar común de los oprimidos; de lo contrario, si te ofende, no lo leas, que yo me siento por bien pagado con haberlo escrito desde mi condición de mexicano indio, espalda mojada y chicano" (22).

En un plano similar al autor de libros que no leía nadie se sitúa el poeta proxeneta de las páginas 133-37. Una vez más, cabría incluso la posibilidad de que fueran el mismo personaje, pero no tenemos suficientes indicios como para determinarlo así. Lo que más los acerca es un sentimiento común de frustración. El proxeneta relata en este fragmento el encuentro en un burdel con su antiguo maestro, quien "había dispuesto, con el fervor de un San Isidro, la buena simiente en las mentes tiernas, un estímulo que no crecería, que se volvería lejano, empequeñecido, pero que subsistiría como una planta sedienta" (134). Tras un típico salto narrativo hacia el pasado, en que el poeta narra un hermoso episodio de su infancia, maestro y discípulo regresan a su presente degradado donde se produce la confrontación entre ambos, centrada en una discusión sobre literatura. Cuando el maestro, animado por la narración de su antiguo pupilo, alaba la poesía y su capacidad de transportarnos fuera de la realidad más inmediata, este último le replica: "¡Mientes! No hay poesía ni poetas, todo es mascarada para no ver la tragedia humana; sólo los holgazanes que ignoran el dolor y el crimen, aduladores del poder, le cantan a las flores" (135), al tiempo que condena a esos "holgazanes" por prostituir su arte al servicio del poder.

Tras este exabrupto, que es también un pequeño manifiesto literario, el poeta se aleja, como el Buen Chuco, ahogando su fracaso en la deformación que provoca el alcohol: "Para no encontrarlo me bebo una copa en cada burdel, caminando entre esta muchedumbre de bichos apestosos que hoy se han despojado de todas las máscaras, también de la beatitud, para lucir airosos la bestialidad liberada" (136). A partir de ahí, el fragmento se cierra con una descripción casi tremendista de las miserias del espacio fronterizo, que es una respuesta poética a los que le cantan a las flores. Vemos, pues, que tanto el escritor de libros que no leía nadie como el poeta proxeneta ejemplifican una crisis estética sin superar: éste reniega de la poesía porque no encuentra belleza a la que cantarle y aquél reniega asimismo del arte académico ("se burlaba de los avestruces emplumados de pavos reales" [126-27]) por razones, probablemente de marginalización de su obra. En cualquier caso, ninguno de los dos consigue superar la crisis (producir una literatura que comunique al público la realidad en toda su crudeza), puesto que ésa será tarea de "El Autor" años después.

Más distanciados del autor real se encuentran los otros personajes escritores en *Peregrinos*, Lorenzo y el Vate, ambos poetas. Aparecen los dos por primera vez cruzando el desierto a pie. Impactada por la belleza nocturna del desierto, la creatividad de Lorenzo se vuelve pródiga en metáforas en una serie de digresiones retóricas que dibujan una imagen dignificada de este espacio sin tiempo: "¡Guiña luz viva, radiante yerta! Azogue en los ilusos, disco de aullidos, escamas, anillos, cabellos de arena. ¡Gira, perjura, gira! Sinfonía de símbolos, ¡gira en tu inmenso féretro!" (65), le grita a la luna. Lorenzo casi literalmente se embriaga de belleza hasta el punto de dejarse morir extasiado en la belleza, un incidente éste con el que el texto nos advierte una vez más de los peligros de cantarle a la naturaleza en unos tiempos en que la miseria se enseñorea del mundo (Lorenzo, sabremos después, cruza el desierto acuciado por la necesidad económica, así como lo hacen tantos otros).[16]

Más desengañado que su compañero de viaje, el Vate, quien "siempre estaba velado por una tristeza que le venía de muy hondo"(67), nos proporciona en un diálogo con Lorenzo una de las claves poéticas del texto, algo así como la pieza que conecta al proxeneta y al escritor sin lectores con "El Autor" del "Prefacio". Al hablar de la admiración de los poetas por la luna, el Vate comenta: "Ahora entiendo por qué el poeta ama a la luna; porque la luna es como la poesía, brillan ambas con luces ajenas. Mientras no haya quien lea los versos, estarán muertos" (67). La necesidad de comunicar, de romper el aislamiento y la amargura, implica una poética que entiende la creación literaria como comunicación, como un diálogo a dos voces en que el texto y su receptor interaccionan para construir un mundo o una visión del mundo.[17]

El Vate, no obstante, acaba por darse a la bebida (y aquí se acerca a otros personajes como el Buen Chuco y, más importante, el poeta proxeneta) y su mente se vuelve "una estrella errante que arrastraba una cauda de palabras huérfanas" (84). Pese a su clara conciencia estética, la teoría no se convierte en práctica y el Vate se encierra en el solipsismo. Recogido por doña Candelita (una vendedora ambulante), el Vate acaba su vida ensimismado en sus delirios, "con una expresión de amnésico, tal si fuera un ciego que ha perdido al último lazarillo" (138), hasta el punto de sentir al tiempo detenido, muerto ("Siento como si ya no hubiera relojes, como si todos los relojes hubieran estallado de infartos" [138]; "Fue la primera vez que supo que el tiempo suele detenerse, que sobre una fracción de segundo pasan horas, años y hasta siglos" [142]). Su suicidio hacia el final de la novela confirma una premonición de doña Candelita quien, cuando recoge al Vate, ya le dice: "Déjame tocarte la frente.¿Tienes fiebre? ¡Estás helado!, frío. ¡Señor de mi alma! ¿Desde cuándo andarás caminando muerto? Anda, hijo, ve a buscar un camposanto donde descansen tus huesos" (139).

La creación literaria del Vate aparece esparcida por diversos pasajes de la novela y se compone de un fragmento sobre la peregrinación en el desierto (86-88),[18] otro que explica una visión o un sueño en el cual chicanos y espaldas mojadas fundan su patria en el mismo desierto (95-96),[19] y una elegía en prosa a su amigo Lorenzo Linares, encontrada entre sus efectos personales después de su suicidio (144-46). Los tres fragmentos se complementan de forma dialéctica. En el primero, se nos da una visión casi apocalíptica del desierto y casi épica de la escasa vegetación que sobrevive heroicamente a pesar de la aridez del terreno. El segundo fragmento aporta el elemento humano (sólo vislumbrado en el episodio anterior) que, con la misma tenacidad de los sahuaros, se impone sobre la esterilidad de la zona para fundar su tierra prometida. En este fragmento encontramos también los rudimentos de una poética voluntarista en que el artista aparece como un dios que crea sobre el espacio vacío:

> En el desierto, virgen de la voluntad del creativo, se colaron entre las polvaredas mis voces pronunciadas. . . . A toda invocación sólo respondía la nada con sus campanarios muertos. Y fui dios escribiendo páginas en el viento, para que volaran mis palabras. . . . Ahora sé que El crea la vida y que yo invento el lenguaje con el que se habla. Sin embargo me pierdo en la maraña de los vocabularios, los vocablos que aún no nacen del pensamiento duelen en su entraña. (95)

A esta afirmación del poder creador del escritor le sucede en el tercer fragmento (la elegía a Lorenzo Linares) una categórica afirmación de la necesidad de un receptor para que exista la literatura, una idea intuida ya en las últimas líneas de la cita anterior. Lorenzo, poeta que también se sentía dios, como su amigo el Vate quiso florecer el desierto con poemas, avanzó extasiado a plantarlo de metáforas verdes y fuentes con surtidores de letras policromadas. . . . En la página borrada de la creación oyó los gritos que sepulta el silencio. . . . ¡Maldito desierto!, te has bebido el idioma y los alientos de mi pueblo antaño señorío Nahuatlaca. (146)

La obra literaria, sin receptor, está condenada a desaparecer como Lorenzo, como el Vate y como el señorío Nahuatlaca. En estos tres fragmentos complementarios, la reflexión metaliteraria se dirige, por tanto, a la cuestión de quién crea la obra: el autor, como un pequeño dios, o el lector que la recrea y la hace suya ("Aquí [en el desierto] las voces caminan lejos porque naiden las detiene" se nos había advertido en la página 65, mientras que en la 67 se afirmaba: "Mientras no haya quien lea los versos, estarán muertos"). Sin receptor, los escritores se quedan en la frontera presocial del lenguaje, en ese momento solipsista que es recreación o eco del pensamiento más que comunicación. Por ello, la invención de un lenguaje que propugna el Vate cuando se siente dios creador está condenada al fracaso, porque el Vate olvida que todo lenguaje es social, producto de una serie de momentos socio-históricos y resultado del intercambio entre seres humanos. La poética del Vate fracasa y fracasará hasta que un lector acepte el reto de reconstruir su mundo poético y su lenguaje, dialogando con el texto y haciéndolo vivir de nuevo transformado.[20]

Dada esta marcada preocupación por el público y la recepción, por tanto, no nos sorprende que la novela de Méndez plantee también en diversos momentos la cuestión de la lectura. Ya hemos visto cómo se rechaza a los lectores de sensibilidades exquisitas en el "Prefacio" y se interpela más bien a un lector solidario con el dolor y el lenguaje de los oprimidos. Resumimos también la teoría de Bruce-Novoa sobre *Peregrinos* y otras obras de Méndez según la cual "Méndez's texts are rituals consisting of ethnic testing, proved by understanding, sympathy, and sheer endurance, followed by sacred revelation to the survivors of the test" ("Righting", 79). Sin entrar aquí en los aspectos de ritualidad o prueba iniciática, sí es indudable que las dificultades lingüísticas y estructurales de la novela exigen un lector cuidadoso y activo. Valgan como ejemplo las dificultades experimentadas al intentar identificar a los personajes escritores.

Pero además de estas observaciones generales y preliminares sobre la lectura, hay fragmentos específicos en el interior de la novela en que el acto de leer se tematiza y se nos habla de personajes lectores concretos. En estos episodios, por lo general, se critica la lectura que se hace como distracción escapista o bien se satiriza aquella que no penetra en la esencia de los textos. Ejemplo supremo de este último tipo de lector es el patético Lencho García y del Valle, quien "se había formado un lenguaje a base de frases presuntuosas ya hechas, no eran sus clichés extractos de la gran literatura, sino frases repetidas por generaciones de políticos y periodistas lambiscones, ciegos de imaginación" (88), como esos mismos que redactan la noticia de la muerte de Mario Miller de Cocuch (132-33). Asimismo, Mr. McCane, el patrón que da empleo a la familia de Frankie Pérez, "leía la Biblia con voz enérgica y apuntando con el índice, por el que parecían salir llamas" (151). Su lectura histriónica nos resulta igualmente risible puesto que ya sabemos cuán diferentes son sus acciones de lo que predica la Biblia.

En cuanto a la lectura escapista, la sátira de Méndez se centra en el mundo de los "comics". El Buen Chuco le sirve al autor para ironizar sobre la cultura de un personaje sin nombre (su amigo, que lo es también del cantinero del Happy Day). El Buen Chuco, explicándole que se siente "como un fierro gastado" (37) después de tantos años de trabajar duramente, interpela a su amigo: "¿Sabes qué?, ora como que apaño güergüenza, siempre camellando como un pinchi animal, ése, usté que ha leyido tantos 'comics', ¿qué somos slaves, nosotros la raza?" (37). El efecto cómico de atribuirle autoridad a su interlocutor por haber leído muchos cómics se vuelve trágico en los fragmentos que narran la muerte de Frankie Pérez. Aunque el texto no aclara si

Frankie conoce a estos super-héroes por los cómics o por la televisión (o por ambos medios) sí es explícito en presentarnos los efectos alienantes de una recepción pasiva y poco crítica. Una vez en peligro durante la guerra, Frankie

> invocaba a los ídolos legendarios que habitan en el corazón de sus coterráneos. Superman destruyendo aviones en el aire a puros escupitajos. . . . Batman con su genio y su fuerza dominando a los tontos asiáticos. . . . Y si estos seres ultrapotentes no dominaban al injusto enemigo, ¡ah!, ahí estaba el grande, el sublime, el invencible y además exquisitamente bello, ¡El Gran Cowboy! (154)

La muerte violenta de Frankie acaba con sus fantasías de lector ingenuo y sirve de advertencia implícita contra la literatura consumista frente a la cual se contrapone la lectura atenta que *Peregrinos* exige de un lector conocedor de la realidad de los trabajadores y solidario con ellos.

Así pues, vemos con claridad que una parte sustancial de *Peregrinos* se dedica a elucidar cuestiones metaliterarias, que nuestro análisis ha expuesto. Este discurso autorreferencial, construido en torno a personajes que escriben o que leen, se nos revela sorprendentemente actual por cuanto nos anuncia uno de los fenómenos más novedosos en el mundo cultural chicano: la recuperación y reapropiación de una tradición escrita hasta ahora casi desconocida. La reflexión metaliteraria en *Peregrinos* nos sugiere que la literatura escrita ha sido ejercicio constante entre los chicanos y que dicha tradición no ha sido mejor conocida por razones ajenas a ella misma, las cuales han resultado en su sistemática marginalización.

Una de las principales amenazas contra la cultura chicana, según parece sugerir el penúltimo fragmento de la novela, proviene precisamente de una maniobra para condenar al olvido institucional su tradición escrita y para privar de educación formal a la mayoría de los chicanos, reduciendo así en buena medida el público potencial de sus escritores:

> Así la historia, de pronto, como en un mal sueño nos dejó varados en la isla del olvido, presos. No sólo eso, han quedado encadenados los genes que guardan la cultura, esencia de nuestra historia, vedando las arterias que como ríos traen el ímpetu de la sangre que anima la voz y el alma de nuestro pueblo. Ni dignidad ni letras para los esclavos, dijeron los dominadores, solamente la ignominia, la burla y la muerte; si acaso, la trágica baba de la demagogia, falsa moneda de los perversos. (183-84)

Frente a esta demagogia y frente a los efectos del olvido institucional, el rescate de los textos inéditos de los personajes escritores supone una recuperación del pasado cultural y una reclamación de la historia literaria chicana. Lo que se plantea en los fragmentos metaliterarios de *Peregrinos* es la necesidad de mantener viva la tradición escrita, perpetuando la cadena de receptores para evitar las "páginas borradas", esos espacios de tiempo en que perdemos (como habíamos perdido hasta hace poco) conciencia de que existieron poetas y escritores cuyas obras, arrumbadas por la marginación y el desinterés, languidecían por falta de lector. Así, al comentar como lector sobre la obra de Lorenzo, el Vate la rescata del olvido y nos la ofrece (a través de "El Autor", que es quien lee y rescata al Vate) en un ejercicio historiográfico de magnitud indudable. Un ejercicio que, como acabo de sugerir, prefigura la labor de rescate textual de la tradición escrita en que se empeñan hoy en día numerosos investigadores chicanos.[21] Los personajes escritores de la obra de Méndez son peregrinos no sólo en una dimensión histórica y geográfica, sino también literaria: son esos autores que olvidó la tradición pero que forjaron la ruta hacia Aztlán, hacia el presente florecimiento literario que, por fin, los está empezando a recuperar.

YALE UNIVERSITY

Notas

[1]Francisco A. Lomelí ha sugerido ya con anterioridad la existencia de "giros barrocos" (1) en la novela de Méndez, proponiendo una analogía con el cubano Alejo Carpentier. En mi propio uso de barroco, en este contexto, no me refiero tanto a un recargamiento léxico (como la analogía con Carpentier parece sugerir) como a la mezcla de un estilo recargado y estetizante con otro(s) vulgar(es) y antiestético(s), esa barroca característica que tanto preocupa al crítico mexicano Ignacio Trejo Fuentes, para quien "Méndez no hace una distinción a fondo entre el lenguaje poético y el exageradamente coloquial, los alterna indistintamente, restando firmeza a su narración" (161).

[2]Sin ánimo de ser exhaustivos, en esa lista se incluirían títulos clásicos y otros más recientes como *Palabras de mediodía* de Lucha Corpi, agotado desde hace ya tiempo; *El diablo en Texas* de Aristeo Brito, reeditado hace poco y traducido al inglés, lo cual (es de esperar) tal vez podría mejorar su difusión; *Rosa la flauta* y *Muerte en una estrella,* entre otras obras de Sergio Elizondo; *Aurelia* y *Madreselvas en flor* de Ricardo Aguilar; *Puppet* de Margarita Cota-Cárdenas, *Paletitas de guayaba* de Erlinda Gonzales-Berry, etc. *Peregrinos* ha sido también traducido al inglés, pero falta por saber qué impacto en su recepción va a tener la traducción.

[3]Todas las citas están tomadas de la última edición (Bilingual Press, 1991).

[4]Basándose en otros rasgos peculiares del esperpento (más que nada la caracterización de los personajes, así como procesos de animalización, cosificación y similares), Justo Alarcón ha sugerido con anterioridad paralelos entre *Peregrinos* y la obra de Valle-Inclán.

[5]Las fechas propuestas (1974 y 1968, a las que añadiremos después 1948) se refieren, respectivamente, al año de publicación de *Peregrinos,* al año en que, según su autor, completó el manuscrito, y por último al año en que escribió su primera novela, hasta hoy inédita. Más adelante volveremos a la cuestión del manuscrito y de las obras inéditas.

[6]Bakhtin se refiere aquí a la cuestión de la metamorfosis de los personajes en relación con la obra de Apuleyo y Petronio. Por mi parte, sugiero que algunas de sus reflexiones son también aplicables a la obra de Méndez. Todas mis observaciones sobre el cronotopo a lo largo de este trabajo están también basadas en la teoría de Bakhtin.

[7]Sobre la mirada hacia atrás, en otro contexto, Méndez ha comentado lo siguiente en entrevista con Bruce-Novoa: "La literatura chicana tiende obsesivamente a ver la vida en retrospectiva, porque nos es vital aferrarnos a nuestras raíces históricas y repasar también nuestra historia en Estados Unidos" (100).

[8]El término deterritorialización, tal y como lo empleo aquí, está tomado de la obra de Deleuze y Guattari (59-63). Una traducción al inglés de estas ideas puede encontrarse en *The Deleuze Reader* (225-34).

[9]Estoy usando en este párrafo historia y discurso con el sentido que las palabras han adquirido en teoría literaria a partir, sobre todo, de la obra de Gérard Genette y Seymour Chatman.

[10]Desde mi lectura, el único aglutinante posible sería en todo caso "El Autor" quien, como personaje y como figuración del autor implícito (ver el "Prefacio" de la novela), es el que recopila los diversos materiales que acaban por componer el libro. Pero dado el carácter fragmentario y polifónico de su compilación de materiales, su mismo papel como centro aglutinante se problematiza: la organización es aparente, casual, puesto que cada fragmento recopilado tiene su propia organización; a la fuerza centrípeta de "El Autor" se le contraponen otras numerosas fuerzas centrífugas en los fragmentos narrativos.

[11]Sobre el autor implícito ver Booth (71-76). De acuerdo con Booth, "The 'implied author' chooses, consciously or unconsciously, what we read; we infer him as an ideal, literary, created version of the real man; he is the sum of his own choices" (74-75). Es en este sentido en el que hablo de "El Autor" como una figuración de Miguel Méndez.

[12]El dato de que el manuscrito estaba terminado en 1968 se encuentra en uno de los párrafos añadidos al "Prefacio" en la última edición. Puesto que no veo ninguna razón para dudar de la veracidad de ese dato, baso la siguiente parte de mi argumentación en la existencia de un manuscrito de *Peregrinos* en 1968. Aunque así no fuera, para los propósitos de mi argumentación realmente habría poca diferencia, ya que el autor hace referencia en otros lugares a obras escritas a partir de 1948 (ver Rodríguez del Pino, 40).

[13]Ver mi estudio *Rolando Hinojosa y su "cronicón" chicano,* capítulo 4, sobre todo.

[14]La lista anterior de estudios y enfoques críticos en ningún modo agota la gama de publicaciones sobre *Peregrinos.* Al lector interesado en una perspectiva bibliográfica más completa se le urge a consultar la bibliografía que acompaña a la edición de Bilingual Press.

[15]Parte de esta información había aparecido ya en la entrevista con Bruce-Novoa.

[16]En las páginas 84-85 se reproduce una carta de la esposa de Lorenzo, dirigida al Vate, en que nos revela la miseria de su familia. Simbólicamente, por supuesto, la muerte convierte en mártir a Lorenzo, dándole así otra dimensión al episodio. En este sentido, es interesante notar que Lorenzo muere consumido por el desierto ardiente

que, como una imaginaria parrilla, lo requema: "Lo divisaron parado, fijo, como si fuera sahuaro. . . . El vate le tocó la frente. Lorenzo ardía como un cirio" (68); el episodio obviamente recuerda el martirio de San Lorenzo, quien murió abrasado en una parrilla real. Aunque no es éste lugar para llevarlo a cabo, sería conveniente estudiar el simbolismo religioso en *Peregrinos* que explicaría las connotaciones de muchos de los elementos del texto (más allá de la historia del yaqui Jesús de Belem). Así, por poner un último ejemplo, profundizaríamos en el entendimiento de Loreto Maldonado, cuyo nombre es un recordatorio viviente de la inversión negativa en la sociedad capitalista fronteriza de todo lo que sugiera virginidad y pureza. No sólo por ser "mal donado", como ya otros han notado, sino también porque la "Casa de Loreto" o "Casa Santa" es, en la tradición religiosa, la casa de la Virgen María. Por contraste, la casa de Loreto Maldonado, que los recogedores de basura derriban tras su muerte, está construida con cartones y latas vacías, el desperdicio de una sociedad de consumo en la cual la explotación económica triunfa sobre la pureza.

[17]En esencia, mi idea de la interacción entre texto y lector, muy simplificada aquí, está influida por las ideas expuestas por Iser en su *The Act of Reading*. Para más detalles, pueden consultarse también la introducción y el capítulo 4 de mi libro *Rolando Hinojosa y su "cronicón" chicano*.

[18]Atribuyo este texto al Vate por aparecer en cursiva en la novela y ser él el único de los personajes de esa caminata que no aparece nombrado.

[19]La atribución de este fragmento al Vate sería más dudosa. No obstante me baso, una vez más, en las cursivas, en la temática del desierto y en la relación orgánica de este fragmento con el de las páginas 86-88.

[20]En su entrevista con Bruce-Novoa, Miguel Méndez es bastante explícito al hablar de la necesaria interacción lingüística entre el escritor y sus lectores: "El solo lenguaje, sin el conocimiento del alma de un pueblo, no garantizará el fenómeno creativo" (102).

[21]Para una selección de textos sobre la recuperación de la tradición escrita, ver *Recovering the U.S. Hispanic Literary Heritage* (R. Gutiérrez y G. Padilla, eds.).

Obras citadas

Aguilar, Ricardo. *Aurelia.* Ciudad Juárez, México: Universidad Autónoma, 1990.

____. *Madreselvas en flor.* Xalapa, México: Universidad Veracruzana, 1986.

Alarcón, Justo S. "Lo esperpéntico en Miguel Méndez M." *The Americas Review* 17.1 (1989): 84-99.

Bakhtin, Mijaíl M. *The Dialogical Imagination: Four Essays.* 1975. Ed. Michael Holquist. Trad. Caryl Emerson and Michael Holquist. Austin, TX: University of Texas Press, 1986.

Booth, Wayne C. *The Rhetoric of Fiction.* 1961. Chicago: University of Chicago Press, 1983.

Bornstein de Somoza, Miriam. "*Peregrinos de Aztlán: Dialéctica estructural e ideológica.*" *Revista Chicano-Riqueña* 8.4 (1980): 69-78.

Brito, Aristeo. *El diablo en Texas.* Tucson, AZ: Peregrinos, 1976.

____. "El lenguaje tropológico en *Peregrinos de Aztlán*." *La Luz* 4.2 (1975): 42-43.

Bruce-Novoa, Juan. "Miguel Méndez: Voices of Silence." 1977. In *Contemporary Chicano Fiction: A Critical Survey,* ed. V.E. Lattin, 206-14. Binghamton, NY: Bilingual Press, 1986.

____. "Righting the Oral Tradition." *Denver Quarterly* 16.3 (1981): 78-86.

Cárdenas, Lupe. "La ciudad como arquetipo de la madre terrible en *Peregrinos de Aztlán*." *La palabra* 3.1-2 (1981): 33-47.

Chatman, Seymour. *Story and Discourse: Narrative Structure in Fiction and Film.* Ithaca, NY: Cornell University Press, 1980.

Corpi, Lucha. *Palabras de mediodía.* Berkeley, CA: El Fuego de Aztlán, 1980.

Cota-Cárdenas, Margarita. *Puppet.* Austin, TX: Relámpago, 1985.

Deleuze, Gilles. *The Deleuze Reader.* Ed. Constantin V. Boundas. New York: Columbia University Press, 1993.

Deleuze, Gilles, and Félix Guattari. *Rhizome.* Paris: Les Editions de Minuit, 1976.

Elizondo, Sergio. *Muerte en una estrella.* México, DF: Tinta Negra, 1984.

____. *Rosa, la flauta.* Berkeley, CA: Justa, 1980.

Genette, Gérard. *Narrative Discourse: An Essay in Method.* Trad. Jane E. Lewin. Ithaca, NY: Cornell University Press, 1980.

Gonzales-Berry, Erlinda. *Paletitas de guayaba.* Albuquerque, NM: El Norte, 1991.

Gutiérrez, Ramón, y Genaro Padilla, eds. *Recovering the U.S. Hispanic Literary Heritage.* Houston, TX: Arte Público, 1993.

Gutiérrez-Revuelta, Pedro. "Peregrinos y humillados en la épica de Méndez." *La palabra* 3.1-2 (1981): 58-66.

Iser, Wolfgang. *The Act of Reading.* 1978. Baltimore, MD: Johns Hopkins University Press, 1987.

Lomelí, Francisco A. *"Peregrinos de Aztlán* de Miguel Méndez: Textimonio de desesperanza(dos)." M. Méndez, *Peregrinos,* 1-17.

Martín-Rodríguez, Manuel M. *Rolando Hinojosa y su "cronicón" chicano: Una novela del lector.* Sevilla, Spain: Universidad de Sevilla, 1993.

Méndez M., Miguel. *Los criaderos humanos (épica de los desamparados) y Sahuaros.* Tucson, AZ: Peregrinos, 1975.

____. Entrevista con J. Bruce-Novoa. *La literatura chicana a través de sus autores.* 1980. México, DF: Siglo XXI, 1983.

____. *Peregrinos de Aztlán.* 1974. Tempe, AZ: Bilingual Press, 1991.

____. "Tata Casehua." *El Grito* 2.2 (1968): 3-16.

Rivera, Tomás. "Into the Labyrinth: The Chicano in Literature." *New Voices in Literature: The Mexican American. A Symposium.* Edinburg, TX: Pan American University, 1971. 18-25.

Rodríguez del Pino, Salvador. *La novela chicana escrita en español: Cinco autores comprometidos.* Ypsilanti, MI: Bilingual Press, 1982.

Rojas, Guillermo. "La prosa chicana: tres epígonos de la novela mexicana de la Revolución." In *The Identification and Analysis of Chicano Literature,* ed. Francisco Jiménez, 317-28. New York: Bilingual Press, 1979.

Segade, Gustavo. "Chicano Indigenismo: Alurista and Miguel Méndez." *Xalmán* 1.4 (Spring 1977): 4-11.

Todorov, Tzvetan. *The Poetics of Prose.* 1977. Trans. Richard Howard. Ithaca, NY: Cornell University Press, 1992.

Trejo Fuentes, Ignacio. *De acá de este lado: Una aproximación a la novela chicana.* México, DF: Consejo Nacional para la Cultura y las Artes, 1989.

Valle-Inclán, Ramón M. del. *Luces de bohemia.* 1924. Madrid: Espasa-Calpe, 1975.

EL HUMOR COMO PARTE DEL DISCURSO BIPOLAR
EN *PEREGRINOS DE AZTLÁN*

Eduardo C. Cabrera

En la primera novela de Miguel Méndez, *Peregrinos de Aztlán,* el autor nos presenta un cuadro fronterizo en el que se yuxtaponen numerosas imágenes que hacen eco de una multiplicidad de voces, y que entremezclan a su vez el sentir de distintos grupos sociales y raciales.

Dentro de ese contexto, me propongo analizar en el presente estudio de qué manera la utilización de elementos humorísticos por parte del escritor da singular relieve y significado al producto de su fantasía, y se constituye en una de sus técnicas favoritas para denunciar los diferentes tipos de abusos que sufren los "moradores" de la frontera.

El humor de Méndez, insertado en las telarañas de una sociedad confabulada en contra de los desposeídos, nos permite seguir atentamente el desarrollo de las acciones de una manera "distanciada" (como diría Brecht), y esto, por lo tanto, sin necesariamente identificarnos con ningún personaje. Como afirma Emily Hicks, "Border narratives are decentered: there is no identity between the reader and the individual character, but rather, an invitation to listen to a Voice of the Person that arises from an overlay of codes out of which character and events emerge".[1]

Las personas que se ven forzadas a transitar permanentemente por la frontera México-Estados Unidos, en busca de un medio que les posibilite alimentar a sus familias, son explotadas sin misericordia. La realidad supera ampliamente a lo que pueda imaginarse, es eminentemente grotesca. Es precisamente la voz de quienes son abusados de distintas maneras la que toma Méndez para plasmar en su obra una protesta que define un compromiso sin ambigüedades para con los pobres.

En un proceso de deterritorialización, los personajes procedentes del lado mexicano van perdiendo la dignidad, y existe también el peligro de que pierdan la propia identidad. La amenaza de la pérdida de la identidad tiene su dique de contención en el mismo proceso de reterritorialización que, en *Peregrinos de Aztlán,* está a cargo principalmente del "cuasiprotagonista", Loreto Maldonado.[2]

Sin embargo, es el lector quien habrá de posibilitar que dicho proceso continúe. Y con la esperanza de que el lector participe activamente junto al escritor, está también definidamente señalada en la obra la esperanza que surge de la nueva generación de chicanos, quienes ya no se dejarán abusar por una sociedad sin escrúpulos.

Aun en los momentos de mayor dramatismo, el autor sabe insertar su fino humor. Esto lo hace en dos niveles igualmente significativos: por un lado expresa el humor como sentido de un pueblo que es capaz de mantenerlo a pesar de las terribles circunstancias que debe atravesar; ése es el humor real. Por otra parte, hay otro humor, el que va más allá de la realidad, el ficticio; el creado por el autor en su combinación con la situación opresiva en la que se encuentran los personajes. Sin embargo, ambos se funden constantemente, llegando a ser el segundo, el grotesco, igualmente representativo de la realidad. No creemos que sería exagerado afirmar que Méndez ha podido vislumbrar en las imágenes grotescas que crea, "la más rica veta que la naturaleza puede abrir al arte".[3]

Así como la realidad que nos muestra Méndez ha dejado de ser "racional" y, por el contrario, se ha producido una ruptura de secuencias lógicas, así también era necesario que se utilicen técnicas que respondan a esa situación. La combinación del grotesco con el realismo mágico, así como también la utilización de técnicas que son propias de la comedia, han posibilitado plasmar una realidad que es propia del espacio fronterizo. Los distintos caminos que recorre la memoria de Loreto Maldonado, lejos de ser lineales son caminos bifurcados, yuxtapuestos, y requieren de parte del lector una visión multidimensional, en donde lo grotesco y lo mágico son la realidad que viven esos seres humillados, aunque por fortuna no olvidados.

Desde el comienzo mismo de la novela, Méndez logra crear una atmósfera propicia para mostrar una realidad de oscura tonalidad, de pobreza, de miseria: ". . . nubes de gases venenosos. Humaredas de fábricas embrutecedoras, humo hediondo, humo sucio, humo y más humo de los escapes de los autos, de los escapes humanos". Ambiente en el que pululan los más diversos tipos de marginados sociales: "Mariguanos . . . alcohólicos . . . frustrados: veteranos de guerras puercas, puterío y desempleados rumiando el hambre crónica" (25).

Es precisamente en ese ambiente, eficazmente delineado en forma naturalista, en el que el autor logra insertar su fino humor. En la mayoría de las situaciones no se trata de un tipo de humor que produzca carcajadas en los lectores, sino más bien de un humor sutil que tiene como efecto la sonrisa cómplice del destinatario. Para ello, Méndez dispone de múltiples recursos, siendo uno de los cuales la utilización del lenguaje popular, tanto de parte del narrador como de los personajes. Y como es natural, ese lenguaje incluye una variada gama de malas palabras. Un hombre, refiriéndose a Loreto Maldonado que se había rehusado a aceptar una limosna, expresa: "Pelados hijos de puta, el hambre los tumba y el orgullo los levanta". Es precisamente en esta frase que encontramos una riquísima serie de elementos altamente significativos, los que podríamos considerar como contenedores del mensaje mismo de la novela. Por un lado tenemos el tema del orgullo que es fundamental. Evidentemente con este hecho recibimos una importante información acerca de una de las características esenciales del protagonista. En este sentido José Promis expresa: "A pesar de su insignificancia y oscuridad sociales, Loreto es el único personaje que ha conservado la conciencia de su propia dignidad y el indestructible orgullo por sus ancestros étnicos". [4]

Por otra parte, el tono eminentemente agresivo de aquella frase va a indicarnos la evidente contraposición de dos clases sociales. El autor, tomando clara posición en favor de los pobres, va a ridiculizar a aquéllos que los abusan aprovechándose de su ventajosa posición social. Es precisamente la ridiculización uno de los elementos claves de la comedia. Como decía Aristóteles, la comedia trata a los hombres como "tan malos como son". El objetivo de esta técnica es derribar a aquéllos que se han subido en un pedestal, combatiendo su presuntuosidad, su ignorancia, y su hipocresía, y tratar de que los seres humanos sean humildes y "humanos".[5]

Méndez va a ridiculizar al emisor de aquella frase insultante, con bastante detalle: "Tenía la prestancia de un príncipe bastardo, miraba con arrogancia y desprecio, escupía por los ojos". Y agrega acerca del mismo: "Había hecho fortuna alternando actividades de político y lenón. Como la mujer había sido muy guapa, la había usado como gancho acostándola con prominentes para obtener ascensos" (27). La misma ridiculización recae sobre la esposa de ese hombre: "Ella tenía sobre la cara un velo negro muy tenue, llevaba sombrero de los llamados 'bacinica', en el brazo izquierdo tantas pulseras ceñía como cascabeles arrastran las víboras muy viejas; su maquillaje era muy espeso, el necesario para planchar los surcos que deja el arado del tiempo" (26). Y para remarcar la hipocresía de la pareja, el narrador nos cuenta que siempre se les miraba en los templos religiosos, no se les pasaba semana sin comulgar. Y posteriormente va a continuar abundando en observaciones sobre la pareja, especialmente recalcando su marcado narcisismo y desprecio hacia los demás.

Otro de los recursos de que se vale el autor para poner en juego su fino humor es la implementación constante de personificaciones, haciendo gala también de un lenguaje muy particular; como por ejemplo, cuando nos cuenta que "la niebla se había encasquetado de cachucha sobre la cara sucia de la ciudad". O mejor aun: "Las tripas la maullaban chillonas como gatas violadas en la oscuridad . . . simulaban víboras en celo, ya anudándose, ya chicoteándose furiosas" (28). El autor une de esta manera su dominio del lenguaje, y su manejo del argot, a una imaginación no limitada por frontera alguna.

Otra de las técnicas propias de la comedia que utiliza el autor es el contraste. Este es utilizado de manera efectiva en diversas situaciones. El viejo Loreto ve aumentar su estado miserable por culpa de unos "chiquillos muertos de hambre" que limpiaban autos en el mismo lugar que aquél. La imagen de un viejo discutiendo acaloradamente con unos niños, sin poder lograr su objetivo, produce un contraste eminentemente humorístico, especialmente si tenemos en cuenta el lenguaje utilizado por el adulto: "Si no se largan de mi lugar los voy a capar a los tres, ¡cabrones! ¡Andenle a volar!" (29).

Hechos como ése van marcando el tono de la novela, y dejando bien establecido que cada acontecimiento es un fracaso más en las luchas que esa gente debe librar para su subsistencia. Pero es aquel tono de ribetes humorísticos lo que va a permitir al lector distanciarse de las situaciones dramáticas y reflexionar acerca de lo que el autor desea comunicar.[6]

Así como Méndez utiliza diversas personificaciones muy efectivas a lo largo de la novela, también emplea el recurso contrario, a veces cosificando a sus personajes, y en otros momentos animalizándolos. De esta manera nos enteramos de que la abuela de Tony Baby era "una mujer de pecho peludo que había trabajado como un caballo, vendiendo comida mexicana a base de explotar empleados wetbacks. Tan refilosos tenía los colmillos la perra 'business woman' que en más de una ocasión había denunciado a los desvalidos mojados ante los oficiales de migración, para no tener que pagarles un mes de sueldo de la baba de perico que les abonaba" (29-30).

La animalización de los personajes "negativos" de la novela viene a reforzar su ridiculización. Una vez más notamos el contraste: una mujer fuerte, prácticamente un animal, enfrentada a "desvalidos mojados" que no pueden defenderse frente a tal fuerte agresión. Por otra parte, la situación cuasi-cómica va a contrastar también con el alto nivel de agresión social, condición que se va a mantener casi de la misma manera en la actualidad.

Vemos también en el último párrafo citado que el autor emplea diversas palabras en inglés, para poner en boca de sus personajes expresiones de uso cotidiano que son muy significativas. Esto se va a mantener a lo largo del texto. Esa multiplicidad de lenguajes, característica de la realidad (y de la literatura) fronteriza, va a posibilitar al lector una percepción multidimensional. Con esto nos referimos no solamente a la utilización de los idiomas inglés y español, sino también al uso de regionalismos, argot, y diversas expresiones populares propias de la frontera. La mera aceptación de todas esas posibilidades lingüísticas no sólo enriquece la comunicación y el contenido del relato sino que además constituye en sí un medio más para jugar con el humor.

La ciudad constituye por sí misma otro tema fundamental de la novela; coexisten en ella los elementos más dramáticos de la realidad social, los que también son analizados por el autor con un humor muy singular. Se trata de una ciudad con aires de "reputación dudosa"; el narrador nos cuenta que "a medida que se van apagando las luces del día y prendiéndose las nocturnas, la ciudad va vistiendo sus arreos de alcahueta coquetona con que seduce a los incautos. Como una diosa mitológica, cínica y desvergonzada, se va aprovechando de las debilidades humanas" (30). Más adelante agrega: "Así va la ciudad nocturna sonsacando amargados, sin vergüenza, descalzonada, nalgas de fuera, impúdica, con su vestido de noche adornado con letreros de neón, tronando palmas a los parranderos como damisela descocada" (31). Es la ciudad misma la que va a invitar a todos a emborracharse, incluso, y especialmente, a los marginados sociales. Pobres y ricos, hay lugar para todos en la cantina de la ciudad. Es allí donde todos pueden encontrar una copa donde ahogar sus penas y un espejo donde poder alimentar su narcisismo, ese narcisismo que bien muestra el autor como consecuencia de la desunión de la familia, duro golpe que recibe la tradición misma. Méndez ha sido muy específico en tal sentido cuando dijo: "La incomunicación en que se mantenía a los pueblos y que ayudaba a mantener unida a la familia, la tradición y la cultura, ahora se han visto reemplazadas por lo vertiginoso del avance tecnológico e industrial a ambos lados de la frontera".[7] Y como consecuencia de esa transformación, los seres humanos que están cabalmente representados por los personajes de Méndez, se ven obligados a aventurarse a ciudades devoradoras de esperanzas, perdiendo de esta forma valiosas cualidades de su propia personalidad, refugiándose en un narcisismo igualmente devorador.

Ante esa vida fronteriza que ya no ofrece esperanzas para los personajes que van de fracaso en fracaso, quedando absolutamente frustrados, observamos la aplicación de los conceptos freudianos. De acuerdo con Freud, para soportar esa situación se puede acudir a lo siguiente: distracciones poderosas que nos hacen parecer pequeña nuestra miseria, satisfacciones sustitutivas que la reducen, y/o a narcóticos que nos tornan insensibles a ella.[8] Esos son los recursos que utilizan los personajes de la novela para evadirse de una situación que les resulta insoportable. La ciudad, como "prostituta invitadora", se torna así en un elemento de características eminentemente grotescas.

Méndez también va a contrastar de forma humorística las viejas costumbres con las modernas, especialmente en lo que respecta a la forma de vestirse. Para ello utiliza a Doña Candelaria, una anciana que cuando comenzó el siglo ya era señorita y tenía novio; se dedicaba a vender "cachitos" de lotería. Criticando a las muchachas jóvenes ella señaló con fuerza: "Pos ora andan con las nalgas al aigre". Su rival, ofendida porque la vieja le había dicho que "se le miraban los calzones", le replicó: "Pos sí se mirarán, pero tengo algo que enseñar, no como usté, pinchi vieja momia" (74). Posteriormente Doña Candelaria va a lograr impresionar a sus compradores haciéndose pasar por jorobada, poniéndose una pelota de fútbol en la espalda.

Las situaciones de comicidad popular contribuyen a la dinámica del relato como elementos de transición, sin anular el ambiente de profunda miseria generalizada. El mismo efecto surte el empleo de elementos del realismo mágico cuando, por ejemplo, Chalito vuela "suspendiéndose en el aire como hace el colibrí" (79) o cuando Pánfilo Pérez se convierte en un enorme pájaro de alas negras (179).

Méndez también ha logrado insertar el absurdo con total naturalidad dentro de su obra. Cuando Lencho logra comprar diez libras de gallina, lo cual era algo milagroso si se tiene en cuenta su calamitosa situación económica, entró en un bar, y luego de haber tomado cerveza y tequila comenzó a dar un discurso, vanagloriándose de su gran compra: "Yo proclamo que una juventud que no come gallina, crecerá tullida, porque la gallina, ciudadanos, dará alas a las futuras generaciones". Y luego agrega: "Esto es lo que comemos en nuestro hogar, señores, lo siento mucho si sus familias se mal nutren con puro frijolón" (93). Lo que se torna verdaderamente absurdo es el hecho de que Lencho desparrama las diez libras de gallina a lo largo de la barra, al mismo tiempo que continúa dando su discurso. Y más aún la pelea que sostiene con otro hombre al que acusa de haberle robado un "pescuezo". Otra vez, el lector podrá reír, pero la suya será una mezcla de risa con tristeza, puesto que sabe cuál es la situación real de Lencho y de todos los que como él deben sufrir mucho para comprar un poco de comida; y especialmente teniendo en cuenta que el infortunado personaje es arrojado fuera del bar a puntapiés. Ese sentimiento es reforzado cuando el narrador nos dice que los hijos de Lencho saben, por amarga experiencia, que "tan venturoso suceso no volvería a repetirse en muchos años" (94).

El absurdo habrá de convertirse luego en una ingeniosa parodia sobre los pequeños burgueses, esgrimida sobre la figura de los Foxye, quienes llegaron a tratar a su perro como a un verdadero rey. La señora Foxye "le arregló una recámara, sin que a cada día le faltaran níveas sábanas y deliciosos steaks" (114). No conforme con eso, Mr. Foxye hizo que le lavaran los dientes, mientras que su esposa, cuando salieron de viaje, dejó indicaciones para que le pusieran el perro al teléfono todos los días. Finalmente, en el colmo de la extravagancia, la señora llevó a su perro al salón de belleza donde le pusieron una peluca y un tupé.

La dualidad de la sociedad en cuanto a su visión de la mujer (mujer-santa/mujer-prostituta), y en cuanto al tratamiento clasista diferenciado (ricos/pobres), está perfectamente plasmada en *Peregrinos de Aztlán*. Luego de que el hermano de la Malquerida asesina al dueño de un prostíbulo, don Mario Miller de Cocuch, y ella cuenta cómo ha sido violada y vendida, el narrador refiere cuáles son los "ecos vanos de la demagogia y su oratoria ridícula 'la mujer mexicana es abnegada y fiel', 'soldadera al lado de su Juan', 'cimiento del hogar', 'procreadora de futuras generaciones, bla, bla, bla' " (132). Mientras que por otra parte, nos cuenta el narrador, los dueños de los prostíbulos siguen aumentando sus ganancias a costa de la mujer. Las dos condiciones que llevaron a La Marquerida a la perdición fueron la de ser mujer y la de ser pobre; características suficientes para que la sociedad abuse de ella sin piedad.

Acto seguido Méndez hace una parodia de los medios de comunicación, mostrando la complicidad de un diario con quienes detentan el poder en la sociedad patriarcal. Para ello hace uso de abundantes adjetivos que dan un toque humorístico a la triste realidad. Así, el dueño del prostíbulo es considerado por el diario como "hombre de empresa", "preclaro varón" y "distinguidísimo caballero en la política y en los negocios"; además "deja inconsolable a la que fuera amantísima esposa, la honorable doña Reginalda Dávalos de Cocuch". Debido a su estatus, Mario Miller de Cocuch fue atendido en sus "postreros momentos" por "quince eminencias de la medicina, cuya lucha denodada fue frustrada por los designios del Supremo" (133). En contraposición, el asesino es tildado de malhechor "impulsado tan sólo por sus malos instintos cavernarios", y luego se lo llama "aventurero" y "antipatriota". Evidentemente Méndez ha sabido elegir la parodia para reflejar una realidad con la que la mayoría de los miembros de la sociedad fronteriza no han podido lidiar con éxito.

Posteriormente el autor hace uso del grotesco para describir la ciudad y sus prostíbulos. Una vez más utiliza la personificación: los automóviles son gusanos hambrientos, mientras que los cláxones sonaban como "alaridos de viejas histéricas". Y se destaca el alcohol y la lujuria de los marineros de San Diego, quienes "entraban con premura de bestias en brama a donde los espectáculos de las infelices mujeres que tenían que llegar a lo más denigrante, para que el oro corriera como pus en las conciencias de los protervos". Mientras tanto, "la artista pide un zapato al público. Si lo consigue, allí mismo se mea y lo rebosa" (133).

En la pérdida de las fronteras naturales entre lo animal y lo humano, el autor ha captado la falta de naturalidad y los disfraces de la esencia del hombre. De esta manera, en el grotesco "la deformación caricaturesca se desprende de la base satírica, despliega fuerzas propias y transforma a los seres humanos en marionetas rígidas y mecánicamente movidas".[9]

Hemos visto que tanto los marineros de San Diego como las "artistas" de los prostíbulos, así como también los Foxye y los Cocuch, se habían convertido en marionetas rígidas, perdiendo por completo su naturalidad, y revelándose lo animal dentro de ellos mismos. Y en todos esos casos también observamos que el efecto que se produce en el destinatario es una mezcla de risa y desagrado, combinación característica del grotesco.

Si bien lo que dice un personaje de Méndez, "No hay poesías ni poetas, todo es una mascarada para no ver la tragedia humana", lo entendemos a la luz del análisis de Freud que mencionamos anteriormente, también lo podemos considerar a través de la concepción misma de

Víctor Hugo, quien asociaba el grotesco no con lo fantástico sino con lo real, haciendo claro que el grotesco no es una forma artística ni una categoría, sino que existe en la naturaleza y en el mundo en que vivimos.[10]

En ese juego del grotesco con lo absurdo, el narrador nos relata que Doña Reginalda tocaba en el piano la "Serenata" de Schubert, mientras Mario Miller de Cocuch "se carcajeaba frenético rodando empapado por el piso, sobre una charca de vómito y sangre", y "de los orificios de los riquísimos cónyuges manaban chorreras de gusanos" (140). Una vez más el autor combina lo risible con lo desagradable, haciendo gala de su gran imaginación.

No menos grotesca es la visión que Méndez da sobre la muerte. Por medio de su personificación permite que los personajes realicen diversos juegos con la misma. El indio Rosario Cuamea la llama "la flaca", y debido a que ella "se llevó" a su compadre Elpidio, la insultó: "¡Hija de la chingada!" Es el mismo Cuamea quien va a perseguir a la muerte "y abrazarla simulando intenciones obscenas", y quien se va a enamorar perdidamente de ella: "Tan absurda, descabellada, increíble pasión lo devoraba, que juró hacerla su amante" (165).

No obstante lo absurdo de la situación, y a pesar de las risas que produce ese juego con la muerte, no perdemos de vista el lado oscuro de la situación, ya que el autor inmediatamente nos pone en contacto con el significado macabro de la guerra. Una guerra fratricida en la que los caudillos se quedaban con el dinero y el poder, mientras que al pueblo sólo le daban "discursos de un lenguaje altisonante, emotivo: donde la libertad y la justicia volvieron a ser cantos insistentes, monocordes, de sirenas perjuras" (166).

Lo que podemos considerar como un excelente remate grotesco es la muerte del coronel Cuamea en el mismo momento en que tiene relaciones sexuales con "la flaca": "Sintió un orgasmo intenso . . . muy intenso" (176). Sin duda, un prefinal muy ingenioso en el que Cuamea y la muerte luchan denodadamente por lograr sus objetivos.

A lo largo del presente estudio hemos visto de qué manera Méndez utiliza una vasta gama de posibilidades en el campo de lo humorístico. En *Peregrinos de Aztlán* ha puesto en juego una multitud de recursos basándose en sus amplios conocimientos sobre diversas culturas. Consideramos que esto es fundamental para poder profundizar en aspectos de la zona fronteriza. Ya lo señaló el mismo autor en una entrevista: "Para dar vuelo a mi escritura derivo de un acontecimiento vastísimo: antecedentes literarios desde la época medieval, tradición oral de tipo universal, también localistas y, claro, lo que representa particularmente a mi mundo inmediato, suroeste de los Estados Unidos y noroeste de México. Enfoco, pues, mi fantasía desde muchas perspectivas".[11]

Hemos comprobado el dominio de Méndez no sólo en cuanto al grotesco y al realismo mágico, sino también en las diversas técnicas que se usan en la comedia: ridiculización, contraste, incongruencia, automatización, y diversos recursos lingüísticos. De ahí que podamos ver en la primera novela de Méndez un gran juego con las imágenes, con el lenguaje, y, en suma, con una definida teatralidad.

Notas

[1]Para un análisis de la escritura fronteriza puede consultarse la obra de Emily Hicks, *Border Writing* (Minneapolis, MN: University of Minnesota Press, 1991).

[2]Sobre "deterritorialización" y "reterritorialización" ver la obra de Hicks.

[3]Expresión de Víctor Hugo en *Préface de Cromwell* (Paris: Larousse, 1972).

4"El programa narrativo de Miguel Méndez," *Revista Chilena de Literatura* 34 (Nov. 1989): 7-19.

5Sobre las técnicas de la comedia puede consultarse la obra de Theodore W. Hatlen, *Orientation to the Theater* (Englewood Cliffs, NJ: Prentice Hall, 1987).

6Para una amplia elaboración sobre el concepto de "distanciamiento" puede verse *Brecht on Theatre* de John Willet (New York: Hill and Wang, 1964).

7Justo Alarcón y Lupe Cárdenas, "Entrevista a Miguel Méndez," *Confluencia: Revista Hispánica* 4.1 (Fall 1988: 151-56.

8Sigmund Freud, *El malestar en la cultura* (Madrid: Alianza, 1992).

9Concepto de Wolfgang Kayser en una de las obras más completas sobre el grotesco: *The Grotesque in Art and Literature* (Gloucester, MA: Peter Smith, 1968).

10Una descripción completa sobre las características del grotesco puede encontrarse en la obra de Philip Thompson, *The Grotesque* (Londres: J. W. Arrowsmith, 1979).

11Conceptos vertidos por Méndez en la entrevista mencionada.

Bibliografía

Alarcón, Justo, y Lupe Cárdenas. "Entrevista a Miguel Méndez." *Confluencia: Revista Hispánica* 4.1 (Fall 1985): 151-56.

Freud, Sigmund. *El malestar en la cultura.* Madrid: Alianza, 1992.

Hatlen, Theodore W. *Orientation to the Theatre.* Englewood Cliffs, NJ: Prentice Hall, 1987.

Hicks, Emily. *Border Writing.* Minneapolis, MN: University of Minnesota Press, 1991.

Hugo, Víctor. *Préface de Cromwell.* Paris: Larousse, 1972.

Kayser, Wolfgang. *The Grotesque in Art and Literature.* Gloucester, MA: Peter Smith, 1968.

Méndez, Miguel. *Peregrinos de Aztlán.* Tempe, AZ: Bilingual Press/Editorial Bilingüe, 1991.

Promis, José. "El programa narrativo de Miguel Méndez." *Revista Chilena de Literatura* 34 (Nov. 1989): 7-19.

Thompson, Philip. *The Grotesque.* Londres: J. W. Arrowsmith, 1979.

Willet, John, ed. *Brecht on Theatre.* New York: Hill and Wang, 1964.

EN PEREGRINACIÓN: *PEREGRINOS DE AZTLÁN* AS HISTORY AND LIBERATION

Alberto López Pulido

Venimos de todos los rumbos del país y queremos cruzar la frontera, nuestras familias esperan muriéndose de hambre. Caminando a pie, amigo, nomás siguiendo las carreteras.
—Un peregrino mexicano (Miguel Méndez, *Peregrinos de Aztlán* 57)

Uno camina y camina alentado por la idea de que los gringos son unos dioses o algo así por el estilo y que en la tierra ésa no hay miseria. Yo vengo de allá, manito, y si no te desanimo es porque no quiero que vayas a creer que te quiero hacer mal'obra; no, camarada, vale más que te desengañes por tu propia vista.
—Un peregrino mexicano (Miguel Méndez, *Peregrinos de Aztlán* 76)

Yo, amigo, conocí en persona a Jesús de Belén. Puede que no me lo crea, pero ya le digo, ¡qué hermosura de yaqui! . . . Ese Chuy sí que era un buen curandero, pa que vea . . . . Y que ventiaba, amigo, aquel gentío, a Jesús de Belén. Viera qué bola de gusto, asina se le dejaba ir la manada de injeridos, unos que tullidos, otros que ciegos y un montón que ya estaban más allá que pa'ca. Y él que nomás se les quedaba mirando muy serio, ansina como pensativo. ¡Ay! pero si eran sus ojos puritito amor, mucho, mucho, mucho corazón. ¡Qué lindo yaquecito! Mire, amigo, no le miento y pongo de testigo a Dios nuestro señor que está en la su gloria, apenitas con que le tentaran la ropa y como con la mano, anda vete enfermedad.
—Un peregrino mexicano (Miguel Méndez, *Peregrinos de Aztlán* 78)

Presten atención ¡raza! a esta historia sobre la vida de Juan Castillo Morales, el famoso Juan Soldado. Se oye decir por allí en la Colonia Castillo, en la ciudad de Tijuana, que este peregrino de Jalisco llegó de soldado al puesto militar aquí en la frontera durante los treinta. Pues, desafortunadamente, el día 14 de febrero se encontró el cadáver de una niña de ocho años—Olga Consuelo Camacho—quien había desaparecido el día antes. ¡Pobrecita! había sido violada y asesinada. Fíjense nomás, no fueron y le echaron la culpa a mi querido Juan. Pero nosotros sabemos que no fue él, y que fue su mayor el que lo hizo. Su mayor mandó a Juan a tirarla en un morralito, y en cuanto vio que venía hacia acá dicen que el mayor lo denunció como si Juan hubiera sido. Pues en unas cuantas horas lo sentenciaron culpable y fue asesinado frente a la mirada de la gente el 17 de febrero de 1938. Dicen que le dieron unos cuantos segundos para correr, y luego lo balearon. Después de ser sepultado aquí en el panteón número uno, la gente se juntó a limpiar la sangre donde había caído muerto. Pero milagrosamente, la sangre volvió a aparecer, ¡y no se pudo quitar! También se oye hablar de la señora García quien depositó una piedra en el mismo sitio donde murió Juan con un letrero que decía: "Todo el que pase por aquí ponga una piedra y rece un Padre Nuestro." Esto comprueba que Dios todopoderoso ha colmado de gracias y milagrosas indulgencias a mi querido hermano y protector Juan Soldado, y por eso se mantiene su santuario con altar allí mismo en el panteón. ¡Pobre Juan Soldado! Vino en peregrinación por acá para buscarse la vida, y tristemente la perdió a los 24 años, ¡pero no murió en vano! Fíjense que a nosotros los fieles peregrinos nos ayuda conseguir empleos, otorga salud, regresa a los hijos ausentes. Y cura a los enfermos. Pero lo más importante, para nosotros sin papeles, es que Juanito nos protege cuando cruzamos la frontera. Es tan fuerte su poder que, por él, muchos han recibido la emigración—¡Está el señor Monarres, y los hijos de los Díaz! ¡Juan Soldado vive en los corazones de cada uno de nosotros, los fieles peregrinos!

—Un peregrino mexicano

For the past several years, the Roman Catholic hierarchy in Tijuana, Mexico, has chosen to dismiss the collective stories and traditions of Juan Soldado.[1] Their vociferous condemnation of *"este santo de la gente"* mirrors society's rejection of the lives and stories of people such as El Buen Chuco, Ramagacha, La Malquerida, or El Cometa, whose human worth and value has been deemed insignificant because they are simply bums "who don't even have a history."[2]

However, we should not be content to resolve that these poor and unfortunate individuals will eventually "disappear silently without anyone knowing the truth about their lives."[3] Or that these individuals experience such misery that they must "return to the past in order to escape the reality of the present."[4] No. Instead, we must recognize and understand the important stories of *los oprimidos* without allowing ourselves to be controlled by dominant paradigms and discover their independent and powerful presence in the world.

In keeping with this theme, the focus of this essay is to explore the image of *peregrinación* as presented in the novel *Peregrinos de Aztlán* by Miguel Méndez.[5] My objective is to describe the presentation of the pilgrimage journey in the novel in order to recognize and celebrate the collective memory and history of these so-called silenced *peregrinos*. I shall begin the essay with a discussion on the meaning of the term "pilgrimage."

In anthropological literature, a pilgrimage is a religious journey to a sacred site that draws people from their home or familiar space to travel beyond the range of their usual destinations.[6] Such journeys are transformative experiences: upon arriving at their sacred destination, the individual or members of the community express feelings of jubilation and comfort. In addition, *peregrinos* are often portrayed as strong and faithful people by the community after returning home from their journey. Through personal sacrifices involving physical discomfort and at times danger, *peregrinos* summon power and protection through their communication with the sacred. These personal sacrifices are translated into religious vows known as *mandas* or *promesas* for individual or collective empowerment or protection from physical and mental ailments. The classic description of a pilgrimage is a three-stage rite of passage consisting of (1) the separation (the start of the journey), (2) the liminal stage (the journey, the sojourn, and the encounter with the sacred), and (3) the reaggregation (the homecoming). It is considered a movement from the profane to the sacred and back to the profane.

It is evident that the act of *peregrinación* is a major theme throughout *Peregrinos de Aztlán*. With names like Loreto Maldonado, Frankie Pérez, Pedro Sotolín, and Jorge Curiel, thousands of Mexicans take to the highways on their journey *así al norte,* as Méndez writes:

Hundreds of thousands cross the border with the U.S., and along the way their voices sow a sort of creeping vine of lamentation, like a rosary of blasphemy,

like a ladder of questions without answers, voices born of the bowels of the earth.
Men who have inhabited space, glued to the earth like the cacti and the corn,
shoved along by the vital imperative of food, they all flow out onto the highways, combing the mountains with their bleeding footsteps. They are all on their
way to the U.S. as though it were a Mecca for the hungry. (39)

We immediately discover that, unlike the classic pilgrimage where the pilgrims experience
feelings of joy and contentment upon arrival at the holy place, *Peregrinos de Aztlán* presents us
with the painful experiences of a people that has been cursed and imprisoned by the tentacles of
the North American vineyards and must continue to toil and struggle just to survive: "The infer-
nal oven that squeeze[s] steams of sweat from them, sweat that coat[s] the watermelons and
cantaloupes, while they, the Chicanos, [become] dried out like leftover cane stalks" (140). They
must struggle "crossing the territory in order to cross the river or to jump the fence [into the
United States], coming finally to destroy their souls for a few dollars they exchange for sausage,
bread, beans"(39-40). So should we conclude that *la peregrinación mexicana y chicana* is a
journey of little optimism and no hope? Does Méndez want to offer us a bleak and pessimistic
interpretation of the Mexican/Chicano experience in the United States through the image of *peregrinación*? I argue that this is not the case.

Instead, I believe that Méndez wants to tell us that there is something meaningful and transformative happening through *peregrinación*. That is, that the journey for Mexicans and Chicanos
does not end with their painful arrival in the southwestern United States or at the U.S.-Mexican
border. Rather, the journey has just begun, and it will continue throughout time—for *peregrinación* lives in the hearts and minds of *la raza mexicana y chicana!* It does not require *la estampa
oficial* of the powerful in order to survive and reproduce itself over time. Instead, the answer lies
in hearing and recognizing the collective memories and history of *la peregrinación mexicana*.

Pilgrimage must be recognized as a drama that is situated within a social and cultural context.
It can best be understood as a "migration ceremony" through which the history and meaning of a
people is conveyed and reproduced by the participants of the pilgrimage.[7] Through their stories
and testimonies, we come to understand that individuals such as Ramagacha have become
"obsessed with saving their lives with protein, as though the continuity of his entire history were
at stake in the matter"(50). In the same manner, we discover that, like *el querido* Juan Soldado,
Loreto Maldonado is considered the custodian and core of *la historia del pueblo,* having navi-
gated "like the most unfortunate in the bloody sea of suffering"(40).

These shared memories and histories produce strong ties and bonds of community amongst
the oppressed. It is through the pilgrimage journey that they discover that "the only one who'll
help you kill your hunger are the poor themselves"(61), as revealed by the *peregrino* who tells
his partner that he can't continue because the soles of his shoes are full of holes, and the ground
burns like a frying pan. His camarada replies:

No, kid, what makes you think I can leave you here like this? You're my pal and
I'll take care of you. If things get worse, they'll get worse for both of us together. Come on, hang in there and you'll see how we'll make it bit by bit. (44)

We are reminded by El Buen Chuco that no matter how messed up you are—if you are barely
holding together, and you haven't eaten in days it doesn't matter, "because there's always
someone to buy you a drink"(19).

By understanding *peregrinación* as a migration ceremony we uncover the mystery of the pilgrimage drama in *Peregrinos de Aztlán,* namely, that regardless of all the pain and suffering the
pilgrims experience, there is something sacred to be revered *en la peregrinación mexicana y chicana.* Méndez suggests this through his use of the desert image. He tells us that "despite the ter-

rible drama of their lives [the *peregrinos*] possessed the noble attitude of those who have caressed the earth like a mother"(38), revealing to us that one finds peace in the harsh reality of the desert. The desert is "the body of the desiccated sea, a wasteland holding the mysteries of the mind, sordid refuge of heroic reptiles, frustrated holymen who curse defiantly with vertical gazes" (72), where *raza* will come to the "center, cursed desert, anointed by the spirit of the ancient gods of our race. And there, filled with rage, we will drive into your unmoving heart the torn flag of the wetbacks" (73).

It is in this harsh desert where the *peregrino* Lorenzo discovers "the sky lighted by white doves that tremble with love. Luminous messengers of the soul," and "rivers without life that only know the dirty water of an occasional downpour, but retain the sound of the worn-out springs of bygone days"(48). It is also the place where Pedro Sotolín chooses to pray, and where Ramagacha whispers to him: "Here the voices travel far because no one holds them back"(49).

The desert in *Peregrinos de Aztlán* represents "the paradoxical existential condition of raza," as described by Aristeo Brito. It is where we discover the meaning of life and death, extinction and regeneration, thesis and antithesis. "The desert is the symbolic synthesis of the Chicano struggle to survive."[8]

Finally, and most importantly, *peregrinos mexicanos y chicanos* will discover, hidden within the immense and ferocious Sonora-Yuma desert, the mysterious splendor and promise of Aztlán![9] Méndez writes:

> I lost myself among the sand drifts of the Sonoran desert, seeking Him so that He might teach me the language of silence. . . . No more would my soul be wounded by the thorns of scorn and indifference. In the future I would be a true citizen requesting and receiving justice. I was overtaken by illusion, and I saw in Yuma the cosmic solitude of the Sonoran desert, the Republic that we wetbacks would inhabit, Indians sunk in misfortune and enslaved Chicanos. Ours would be the "Republic of Despised Mexicans." Our houses would emerge from the dunes that rise up to look like tombs, and the nomadic race, its feet wounded by centuries of pilgrimages, would finally have a roof crowned by good fortune. From the immensity of the sterile sand, bread would be born like grace. (82-83)

Unlike the classic, linear pilgrimage journey, described earlier, *la peregrinación para Aztlán* is circular. Individuals don't have to leave their home or familiar space in order to discover the sacred. Instead, *la peregrinación mexicana y chicana* encounters the sacred in its eternal homeland—Aztlán:

> I was overtaken by imagination, and I saw in my pilgrimage many Indian peoples reduced by the torture of hunger and the humiliation of plunder, traveling backwards along the ancient roads in search of their remote origin. . . . I was overtaken by the enthusiasm of dreaming with my eyes open, and I saw that through the wide doors of the unploughed lands there entered multitudes of Chicano brothers who made paths and roads to peace and tranquility from the immense sandy plains. Their backs were bent and there was bitterness on their faces and the infinite weariness of slaves. They embrace their Indian forebears, and together they all cry in silence, burying those who have been killed, who are so many that no one can ever count them. (83)

Miguel Méndez challenges all of us to join *la lucha peregrina* of all Mexicans and Chicanos and to struggle to liberate the "genes that guard our culture, the essence of our history [and] the blood that animates the voice and soul of our people like rivers"(178).

Méndez pleads with all of us to

> break the silence of the centuries with the agony of our screams. You will see the
> fields in bloom where you planted your children and trees that have drunk the
> sap of the ages, petrified trees without songbirds and without owls, there where
> the voices of those who have succumbed dwell. Destiny is history, and history is
> the road stretched out before the footsteps that have not existed. Who has made
> you believe that you are lambs and beasts of burden? (178)

However, remember *raza,* the journey will not be like "a gringo movie in glorious Techni-
color" (90-91). There are no shortcuts in this *peregrinación.* You will have to "traverse the
deserts, suffer the snow out in the open, put up with being stoned and whipped, share filthy jail
cells with carnivorous rats, fight against a hunger so bad that you feel like it's eating at your in-
nards" (91). You will have to die over and over again. Be that as it may, we must respond to the
call. It is through *peregrinación* that we will discover our history and liberation!

ARIZONA STATE UNIVERSITY WEST

Notes

[1] Patrick McDonnell, "I Believe in Juan Soldado," *Los Angeles Times,* 5 Nov. 1988, pt. 2, p. 6, col. 1. The
final introductory vignette was created by the author with information from the article by Patrick McDonnell and
from an article by José Manuel Valenzuela Arce, "Por los milagros recibidos: Religiosidad popular a través del
culto a Juan Soldado", in *Entre la magia y la historia: Tradiciones, mitos y leyendas de la frontera,* ed. José
Manuel Valenzuela Arce (Tijuana, Mex.: El Colegio de la Frontera Norte, 1992), 75-87.

[2] Miguel Méndez, *Pilgrims in Aztlán,* trans. David William Foster (Tempe, AZ: Bilingual Press/Editorial
Bilingüe, 1992), 128. Page numbers refer to this English translation of Miguel Méndez's *Peregrinos de Aztlán.*

[3] Juan Bruce-Novoa, "Miguel Méndez: Voices of Silence," in *Contemporary Chicano Fiction: A Critical
Survey,* ed. Vernon E. Lattin (Binghamton, NY: Bilingual Press/Editorial Bilingüe, 1986), 208.

[4] Aristeo Brito, "El paraíso en *Peregrinos de Aztlán,*" in *Flor y Canto IV and V: An Anthology of Chicano
Literature,* eds. José Armas and Justo Alarcón (Albuquerque, NM: Pajarito Publications, 1977), 176.

[5] Miguel Méndez, *Peregrinos de Aztlán* (Tempe, AZ: Bilingual Press/Editorial Bilingüe, 1991).

[6] I have drawn from the following works for this discussion: N. Ross Crumrine and Alan Morinis, eds., *Pilgrimage in Latin America* (New York: Greenwood Press, 1991); Mircea Eliade, *Encyclopedia of Religion,* vol. 11
(New York: MacMillan, 1987); Gilberto Giménez, *Cultura popular y religión en el Anahuac* (México, DF: Centro de Estudios Ecuménicos, 1978); Victor Turner, "Pilgrimage as Social Process," in *Dramas, Fields, and
Metaphors,* ed. Victor Turner (Ithaca, NY: State University of New York Press, 1974), 167-230. Turner's presentation on pilgrimage is considered the best known of these works.

[7] All of the anthropological literature on pilgrimage fails to recognize this important dimension. The one ex-
ception is the work by Elizabeth Hill Boone on Mexican migration from Aztlán to Tenochitlán, from which I
borrow this idea. See Elizabeth Hill Boone, "Migration Histories as Ritual Performance," in *To Change Place:
Aztec Ceremonial Landscapes,* ed. David Carrasco (Niwot, CO: University Press of Colorado, 1991), 121-51.
Another important work that examines the symbol of *el viaje* in *Peregrinos de Aztlán* is the article by Gustavo V.
Segade, "Peregrinos de Aztlán: Viaje y Laberinto," *De Colores* 3.4 (1977): 58-62.

[8] Aristeo Brito, "El lenguaje tropológico en *Peregrinos de Aztlán,*" *La Luz* 4.2 (May 1975): 42.

[9] Juan Rodríguez, review of *Peregrinos de Aztlán,* by Miguel Méndez, *Revista Chicano-Riqueña* 2.3 (Summer
1974): 52. Also see Juan Bruce-Novoa, "Miguel Méndez: Voices of Silence," in *Contemporary Chicano Fiction:
A Critical Survey,* ed. Vernon E. Lattin (Binghamton, NY: Bilingual Press/Editorial Bilingüe, 1986) 206-14;
Aristeo Brito, "El paraíso en *Peregrinos de Aztlán,*" in *Flor y Canto IV and V: An Anthology of Chicano Literature,* eds. José Armas and Justo Alarcón (Albuquerque, NM: Pajarito Publications, 1977), 174-81.

ON TRANSLATING MIGUEL MÉNDEZ

David William Foster

Literary translators learn very fast that the most difficult translation task involves neither scientific nor technical language. Although there is the tremendous burden of semantic accuracy in scientific and technical translation, most such nonaffective registers, which typically do involve a high frequency of cognates, do not involve ambiguity, subtleties of meaning, or the subjectivity of volatile and protean consciousnesses. The latter qualities come into play in literary translation in the novel and in poetry, and they are compounded by colloquial registers where global situational meanings are at issue, rather than the precise semantic value of individual words and phrases. Whole blocks of discourse and dialogue cannot always be rendered by matching lexical items, but rather involve a process of re-creation on the part of the translator.

The foregoing is particularly true of slang, interjections, and scabrous language. If all language is metaphorical, each language—and each dialect and each sociolinguistic register—has its own clusters and nuclei of prevailing metaphors, and literary translation paradigmatically involves a process of cross-linguistic metaphoric construction, rather than the sort of lexical matching involved in nonliterary, nonaffective language. This is also true of what is usually called tone. It is precisely the presence, sometimes only subtly recognizable, of such markers of a shift in tone that allows us to understand that Jorge Luis Borges, for example, is not writing science but rather literature. Conversely, our knowledge that he is writing literature is what allows us to look for the markers of tonal variation and shift in his writing. The representation of tone in translation—or, more exactly, the representation of tonal modulation—demands a criterion of translation that looks beyond lexical equivalence in order to conceptualize an accurate rendition in terms of textual recasting.

Many literary translators simply relinquish any claim to re-create phenomena like slang or folksiness or colorful cursing, preferring rather to aim for some sort of neutral representation, often with a few judiciously chosen tokens that stand in for the full inventory of details that might have been provided. This is because any attempt at the latter routinely comes across as grating or corny in translation, as though the translator were somehow embarrassed to be caught using such language. Or let me put it somewhat differently. In a translation into American English, the presence of language that is too specifically colloquial, too specifically regional makes it sound like the character in the novel—say, someone from the mean streets of Lima— were actually from the Bronx or Chicago's South Side. The character's identity with a Latin American sociocultural matrix is replaced in the reader's mind with the image of an identity that is falsely seen as specifically American. Colloquial language is always foregrounded language, and it has a sociolinguistic specificity that noncolloquial language does not have. This means that when we read colloquial language we are not conscious of reading English: we are only conscious of understanding what we are reading. But when the narrator or the character becomes too colloquial, we suddenly become conscious of the language, and we relate that language with a set of sociolinguistic coordinates that displace in our evolving understanding of the text the original particulars of the fictional world. Interpretational confusion (probably unconscious) will likely ensue. We may prize one text's relocation of the outlines of another into the space of a different language and culture, as in the many versions of Sophocles' Oedipus in American literature, but that is different from the sort of confusion that results when the character in a Latin American novel in translation ends up sounding like, say, a Latin American Mickey Spillane. Thus, there may be a certain virtue in the strategic use of undertranslation, of a modicum of stiltedness, or of an occasional almost parenthetical reminder to the origins of the characters and events that is not stated specifically in the original text but that is supplemented by the translator.

The politics of translation, therefore, means the development of a set of specifications that will take into account multiple variables involved in the act of making a text available for readers in a different language and a different culture. Much of the lack of success of a particular translation stems not from the linguistic incompetence of the translator. Any reliable theory of translation must take into account the structure of the act of reading, the processes of semiosis (that is, the creation of meaning), and the symbiotic relationship between language and culture, such that no language exists without a cultural context and that culture to a great extent is complexly embodied by language.

The translation of the literature by a writer like Miguel Méndez amply exemplifies the foregoing statements. Yet, to the extent that such statements address themselves to the more clearly disjunctive circumstance of translating from English into Spanish or Spanish into English across the political divide of the United States and Latin America, they require some adjustment to take into account the unique status of Chicano authors. Furthermore, the ideal category "Chicano author" requires formulation in terms of parameters that include such questions as the implied audience to which the writing is addressed, the sociolinguistic level of the Spanish being used, the internalized image of English and Anglo culture, the internalized image of Spanish (as an ideal international language), Latin American culture vs. the internalized image of Chicano Spanish (also an ideal, to the extent that there are many forms of Chicano Spanish), and Chicano culture (also an ideal, to the extent that there are many forms of Chicano culture).

As a rough approximation to an answer to these questions, one may assert that Méndez is primarily interested in the Mexican diaspora in his narrative, a formulation that I am using here to mean both those Mexicans who have migrated to the United States and those Mexicans who are in some way living a transborder experience between Mexico and the United States. There are situations and characters in his fiction that concern Chicanos in the sense of native-born Americans of Mexican descent whose entire lived experience has been in terms of the Mexican subaltern culture of Arizona and the Southwest in general. Méndez is someone who has lived the complex experience of maintaining a conscious identity with the Mexican culture of his birth while living most of his life in the United States, and this is duplicated in the fictional situations of the characters in his novels. What this means, then, is that while there are some significant deviations from a generalized Mexican Spanish—at least from the academic norm that prevails throughout the republic—Méndez's texts are more exemplary of Mexican Spanish, especially Sonoran Spanish, than is, say, Aristeo Brito's *El diablo en Texas,* the other major Chicano literary text I have translated from Spanish into English. *Peregrinos de Aztlán,* to be sure, includes abundant examples of the Chicano Spanish spoken in Arizona, although I would assert that there is a fundamental difference, not just of stylistic register between the voice of the narrator and the voice of his characters (this difference of stylistic register is typical in novels in which characters speak sociolects other than the relatively academically normalized ones of narrators), but between the generalized Mexican Spanish dialect of the narrator and the specifically regionalized Arizona Chicano Spanish of the characters whose speech is reported by the narrator.

As a consequence, the task of the translator of an author like Méndez falls along two different axes, as opposed to the single axis that is typically the case for translations across the United States/Latin America political divide. Although there were problems associated with the task of translating *El sueño de Santa María de las Piedras* because of this dual axis, it became most apparent in working on *Peregrinos de Aztlán*. There I had no choice but to take advantage of the availability of the author in order to verify the accuracy of the translation and, in one important instance, the very sense of the original passage, which involved an alcoholic-mediated flashback about the killing fields of Vietnam. Here is the original Spanish, followed by my English translation:

Si se dió cuenta, fué porque alguien gritaba: ¡Llévense a Loreto Maldonado! un matrallazo le desgajó la pierna. En menos de que rebuzna un burro prieto, se le pudrió con la ponzoña del sol y un mosquero que volaba azonzado por la hartura. Se le serruchó un doctorcito muy gente, un tal Mariano; al que, por cierto, le falló el pronóstico: "Este Yaqui ya no vuelve a comer quelites con atole". Como no había anestésico, el desdichado guerrillero sudó sangre nomás oyendo el chin, chirrín, chirrín, chin; pero no se rajó. Más tarde le dijo a su compadre Rosario Cuamea: "Ay, compita, más vale que hubiera parido cuates".

Agua . . . water . . . agua, please.

¡Frankie! Orale, carnal. Qué pasadenas, califa, ése. Nel, ése, nel. No se aguite nel, chale . . . ¡Frankie! Frankie . . . look . . .

Huacha, carnal, ponte trucha. Esos batos te apañan por debajo de la water, ése, como si fueran tortugas; en el monte chavalo, pela los chícharos; si cres que son ramas, te la vuelas y te dan en la jefa. Al alba, hasta con los frogs, mi buen; ora, que si se te duerme la paloma y te sumes en un hole, pos, te chingaste, carnal. Pos se te clavan chicos estacones de este forje, ése, y emponzoñados carnal; pa'que más te cuadre. ¡Este, bato! Y no se diga si apañas una ruca pa'tirar arrane pichonear, ése, ¡you know! Al recle le gritas al diablo por un agujero, guy, porque la pinchi gonorrea asiática te pudre hasta el alma, carnal. ¡Noo, no te la va a pudrir pueees! Te revienta como sandía balaceada sin que te haga la panicilin. ¿Sábes [sic] qué, camarada? Está tan gacho el relajo del Vietnam, que ni no le haces a la "grifa" o a la "goma", te vuelves lucas de puro escame; pos los batos aquellos, ¡chale, ése! no tiran con arroz caliente. (*Peregrinos de Aztlán* [Berkeley, CA: Editorial Justa Publications, 1979] 162-63)

If he understood anything at all, it was because someone was shouting: "Get Loreto Maldonado out of here! A burst of machine gun fire slashed his leg!" Right away it began to rot from the sun, and there was a cloud of flies that buzzed stupidly around because they had eaten their fill. A nice little guy of a doctor named Mariano sawed it off. But there was no doubt he was wrong in his prediction: "This Yaqui will never eat quelites with atole again." Since there was no anesthesia, the unfortunate warrior sweat blood just hearing the hacking of the saw. But he didn't give out. Later he told his buddy Rosario Cuamea, "Ah, pal, giving birth would have hurt less."

"Agua . . . water . . . agua, please."

"Frankie! Come on, buddy. What's going on? No, not that, no. Don't give up, no, come on. . . . Frankie! Frankie . . . look. . . ."

"Watch out, pal, be cool. These guys'll get you even under water, guy, just like they were turtles. Keep your eyes open out in the brush, man. If you think what you're seeing are branches, you're dead wrong and they'll kill you. Be careful of even the toads, my good friend. Now if you're careless and fall in a hole, well, your number's up. You'll end up impaled on stakes this big, stakes dipped in poison to boot. Don't be a fool! If you get yourself a chick to be all lovey with and screw, you know what I mean, brother, after a while you'll be yelling at the devil through a small hole because the Asian clap will rot you right down to your soul, little brother. No, listen, it won't rot you, it'll make you burst

like a watermelon shot full of holes, and penicillin won't do you a damn bit of good. You know what, my friend, what's going on in Vietnam is so frightening that if you don't smoke grass or do coke, you'll go stark raving mad from fear. The soldiers in Vietnam, I want you to know, don't use hot rice to shoot with."
(*Pilgrims in Aztlán*, translated from the Spanish by David William Foster [Tempe, AZ: Bilingual Press/Editorial Bilingüe, 1992] 141)

In addition to legitimate differences of opinion as regards to how some of the Spanish should be translated, it is evident that the English rendition comes nowhere near, cannot for the reasons I have outlined, to achieving the dense colloquiality of the original Spanish. Moreover, viewing this translation five years after it was originally executed, there is no doubt in my mind there there are numerous and perhaps even substantial modifications that I would now wish to make in my version.

I do not mean to imply that the translation of Chicano literature constitutes anything like a special case: obviously, much of contemporary Latin American literature involves negotiating difficult shoals of colloquial language, and what is involved are colloquial modalities that vary enormously from one national dialect to another as well as from one region within a nation to another. But what I believe does make the translation of Chicano literature a special circumstance is the uniqueness of the presence of the Spanish language registers it uses as situated within the hegemony of English, as much as the Hispanic culture it represents is situated within the hegemony of Anglo society. There cannot help but be an impingement of the hegemonic on the subaltern. This is not so much the case of the assimilation of English words into Spanish or a question of code switching or "Spanglish" (and I perceive a difference here between, in the first case, the movement between English and Spanish, but with independent linguistic recognition possible in each case, and in the second case, a morphosyntactic mutation of Spanish as a consequence of the encroaching presence of English).

Rather, it is that discourse in Spanish, whether in the register of the narrator or in the register of the characters, refers incessantly to a social reality lived in English. This is as much true of situations in which the text in Spanish is referring to the Anglo world as it is lived in English and within Anglo cultural matrices as when it is referring to the Anglo world as it is lived in Spanish and within Chicano cultural matrices. The text must (unless it is bilingual, in the sense of manifesting a balanced distribution of English and Spanish) necessarily render both circumstances in Spanish, levelling, at least linguistically (although it may attempt to capture it rhetorically), the substantial difference for the character whose dominant language is Spanish and who is confronting a social experience enmeshed in English and confronting a social experience enmeshed in Spanish. Dialogue and interior monologue as reproduced in the text are rendered typically only in Spanish, with, as part of a rhetorical strategy, the judicious use of some words and phrases in English to mark the shock of confronting a social experience enmeshed in English. Needless to say, the challenge to the translator is to reproduce this circumstance, but in the language of the hegemonic code, which is precisely the source of conflict, anxiety, and suffering for the characters in the original Spanish. In the original, their moments of truth in confronting a social experience enmeshed in English (as an icon of the dominant Anglo society) is expressed in Spanish, in the language of their communal solidarity, with all of the appropriate colloquial inflections that underscore that solidarity and the privilege of belonging. Because of being able to understand and reproduce that colloquiality, the text in translation actually reproduces in the language that is iconic of the occasion for conflict, anxiety, and suffering the deeply felt experiences of the characters.

> *Caí en las llanadas que dividen la frontera, como en un mundo de nadie. En*
> *el desierto, virgen de la voluntad del creativo, se colaron entre las polvaredas*

mis voces pronunciadas. Se teñía el cielo con un viento negro que revestía a las dunas con capas de arena pálida. Volteaba a ver los pasos ceñidos y ya habían desaparecido. A toda invocación sólo respondía la nada con sus campanarios muertos. Y fuí Dios escribiendo páginas en el viento, para que volaran mis palabras. En la soledad misteriosa busqué la huella de su mirada; lo supe sólo, como un niño que no habla, intuyendo fuego para formar mundos con sus manecitas, planetas y galaxias; alentando la vida con que se anima el barro, con el agua del color de la alborada. Quería que me dijera algo; ahora sé que El crea la vida y que yo invento el lenguaje con que se habla. Sin embargo, me pierdo en la maraña de los vocabularios, los vocablos que aún no nacen del pensamiento, duelen en su entraña. Me perdí en los arenales del desierto de Sonora, buscándolo, para que me enseñara el lenguaje del silencio. Lo busqué para que me dijera lo que le preguntó a las estrellas. Sintiendo mi alma tan sola entre aquella superficie tan llena de arena y el cielo aquel tan tupido de luminarias. Me ganó el sentimiento y lloré de ver en el desierto la patria soñada que me aceptaría en su regazo, como una madre que ama y guarda por igual a todos su hijos. Ya nunca más lastimaría mi alma con las espinas del desprecio y de la indiferencia; sería en el futuro un verdadero ciudadano, que pide y recibe justicia. Me ganó la ilusión y vi en la cósmica soledad del desierto de Sonora Yuma, la República que habitaríamos los espaldas mojadas, los indios sumidos en la desgracia y los chicanos esclavizados. Sería, la nuestra, la "República de Mexicanos Escarnecidos". (Peregrinos de Aztlán, 96-97)

I fell on the plains that divide the border like someone falling into a no-man's-land. In the desert, virgin in the absence of any will toward the creative, my words threaded their way among the dust storms. The sky became tinged with a black wind that cloaked the dunes with layers of pale sand. I turned to see my tightly spaced steps, and they had already disappeared. Any innovation was answered by nothingness with its dead bell towers. And I was God writing pages in the wind so that my words would fly away. In the mysterious loneliness I sought the traces of His look. I only knew it, like an unspeaking child, intuiting fire in order to form worlds, planets, galaxies, with its little hands, urging on the life with which the clay animates itself, with water the color of the dawn. I wanted Him to say something to me. Now I know that He creates life and that I invent the language with which one speaks. Nevertheless, I lose myself in the tangle of vocabulary and the words that still are not born of thought and that make one's heart ache. I lost myself among the sand drifts of the Sonoran desert, seeking Him so that He might teach me the language of silence. I sought Him so that He might tell me what He asked the stars, feeling my heart so alone on that surface so full of sand and in that sky so full of lights. I was overwhelmed with feeling, and I cried to see in the desert the dreamed-of fatherland that would take me in its bosom, like a mother who loves and watches over all of her children equally. No more would my soul be wounded by the thorns of scorn and indifference. In the future I would be a true citizen requesting and receiving justice. I was overtaken by illusion, and I saw in Yuma the cosmic solitude of the Sonoran desert, the Republic that we wetbacks would inhabit, Indians sunk in misfortune and enslaved Chicanos. Ours would be the "Republic of Despised Mexicans." (Pilgrims in Aztlán, 82)

Because of its lyrical nature, making use of turns of phrasing with which one is accustomed from long years of contact with literature, this passage was much easier to translate. But the betrayal of the original that intrudes here is not the inadequacy of translating colloquial registers from one language to another, but in translating a text into a language whose very essence, whose underlying cultural referents, are calculated to exclude from the original its evocation of a landscape, a language, and a social experience radically at odds with the American English into which it had to be translated.

I have no answer for how the dilemma I have been describing is to be overcome. Much has been said about how to render colloquial expression from one language to another. However, I consider that far less of a challenge than the circumstance I am addressing at this point. As I have said above, translations can give only a minimal reflex of colloquial expression; otherwise, they end up sounding hokey and contrived. But the far more serious issue is how to avoid submerging, in the process of translating into the hegemonic language, the subtleties of expression in Spanish that are the reaction to the weight of the hegemonic language and the culture it represents. Of course, it remains for readers and critics to assess the success of my translations of Méndez in this regard. The best I can do here is articulate what I consider to have been the most crucial challenge of my experience as his translator and to formulate as a matter of theoretical and practical interest to the translators of Chicano literature the implications of that challenge.

ARIZONA STATE UNIVERSITY

MIGUEL MÉNDEZ: THE COMMITMENT CONTINUES

Salvador Rodríguez del Pino

The craft of writing is a demanding skill. Not many are able to achieve it. Most of us spend all of our young years—from elementary school through college—learning it, and yet some of us graduate almost illiterate. If this is true, for learning the craft of writing, how much more difficult is it to be a good writer of literature? Until very recently, the writer or novelist needed good training in literature, money to support himself or herself, and time to write. Writing was an endeavor of the upper classes or of individuals willing to give up everything for the love of art. It certainly was not for the working classes, for the poor, or for the uneducated. Very few with these drawbacks ever succeeded. In 1971, Edward Simmens wrote: "At any rate, neither the upper-class Mexican-American nor the lower-class laborer has produced literature: the former is not inclined; the latter is not equipped."[1] Yet, there are always exceptions. Miguel Méndez, a Mexican American bricklayer with a sixth-grade education, has produced some of the most polished Chicano literature written in Spanish and has received an honorary doctor's degree from the University of Arizona where he holds a position as professor of Latin American and Chicano literatures.

In my book *La novela chicana escrita en espanol: cinco autores comprometidos* (The Chicano Novel Written in Spanish: Five Committed Authors), I define Méndez's commitment as a commitment to the people, to the Chicano people, to be exact.[2] His commitment, in the sense of being engagé, is a commitment he made to the nascent Chicano literary movement in order to rescue its oral history and to create the necessary images to document Chicano history, culture, and presence through the vehicle of the Chicano's ancestral language. Some of the other committed writers included in the book have abandoned their commitment of writing in Spanish. Only Méndez has continued to do so, and I am sure that Tomás Rivera would have also continued to do so had he lived. But the reason Méndez continues to write in Spanish is that he has not been able to master the English language well enough to use it as a literary medium.[3] Some readers are glad, I suppose, because—whether for this reason or another—Méndez continues to preserve Spanish as an important factor in Chicano literature. And this is one of the important characteristics that distinguish Chicano literature as such, even though it still creates problems for English and Spanish departments in universities and for students as well. This literature demands that the reader be bilingual, as the corpus of Chicano literature cannot be divided into Spanish and English; each of the two languages is part of the same vital experience, and most of the time, they are intertwined in the same text. The bilingual factor sets Chicano literature apart as unique among national literatures.

Méndez's commitment stems from personal conviction and a cultural legacy that carries within itself the necessary and important need to preserve itself through oral history transmitted through the ritual of storytelling. Méndez has enhanced this ritual with the art of writing. Yet, while transmitting this cultural and historical legacy through literature, Méndez has not forgotten that contemporary Chicano culture is a symbiosis and amalgamation of three cultural heritages: indigenous, Hispanic, and Anglo American.

Ever since his two seminal stories, "Tata Casehua" and "Workshop for Images: Come In," appeared in *El Espejo* in 1969,[4] Miguel Méndez has continued to keep his commitment to rescue the voices of silence and to create images that reflect and interpret the elusive reality and history of the Chicanos. In "Tata Casehua", Méndez sets forth his obsession to rescue the forgotten history and legacy of the people born under the sign of omega. These are the descendants of the conquered peoples of America, who, according to Méndez, were doomed to extermination and oblivion by the arrival of the Europeans on the American continent. One must listen, he said, to the dispersed voices and histories of these peoples, carried by the wind that forever writes forgotten symbols on the ever-shifting sand dunes of the Sonora Desert—voices, he assures us, that whisper to the chosen ones the mystery of the ancient symbols that must be rescued from their silence. And Méndez is one of those initiated, as Bruce-Novoa explains in his article "La voz del silencio: Miguel Méndez".[5]

In his other story, "Workshop for Images: Come In," Méndez tells us how reality is represented by the many broken pieces of a mirror that reflect a different perspective of the same reality and how people cling to the image of a certain reflection as the only true representation of reality. In order to grasp the essence of reality, he tells us, we must accept and realize that each broken piece is but part of the whole, and that the myriad reflections must be put together so we can comprehend and actually see the total image of reality. That is why, he tells us through examples in the story, each generation reacts and rebels against the perspective of reality held by the generation in power. This also works for the group that holds power in any society. The power group's view of reality is the basis for its interpretation of history, its rationale for oppressing other groups, and its obligation of imposing its own values and behavior. One of the examples Méndez uses to illustrate this concept in "Workshop for Images" is the older generation in power ordering the younger generation to fight and die and suffer the ravages of war in a conflict conceived by and based on the reality of the power group.

Méndez continues to use this personal concept of reality in his works and to present its many variations in order to capture the whole. *Peregrinos de Aztlán* is a case in point. The fragmented stories, anecdotes, and lives he presents in the text poignantly reflect the whole spectrum of the border reality that Méndez wants to portray. He would not have achieved this objective so thoroughly had he taken a more conventional and traditional approach with a single protagonist within a one-dimensional view of reality. Méndez, a voracious reader of world literature, could have used techniques and styles encountered in his readings, such as the fragmentation used in Dos Passos's *Manhattan Transfer* or Fuentes's *La región más transparente*, which in a sense he did. But he takes this approach a little further by presenting a physical and psychological reality fragmented even in its components, a reality that is contradictory, perverse, and arbitrary. One example of contradiction in the text is the description of the millions of tourists who visit Tijuana every year and of Rudolph H. Smith, the judge, who seem to be attracted to and cherish the Mexican culture and decorate their houses with Mexican designs and themes but, at the same time, cannot tolerate the presence of a dark Mexican in their home. This is a very contradictory but acceptable view of reality when practiced by those in power.

Méndez is also adept and sensitive when rescuing the indigenous and folk stories that appear in many of his works as well as in the transculturation process of introducing stories from the *Calilia et Dimna* into the Chicano world view. The stories or fables from the *Calila et Dimna* can be traced to India and Persia; they were written and preserved by the Arabs and translated into medieval Spanish in 1251 by order of the Castilian king Alfonso X, El Sabio. Méndez takes these stories inherited from the Hispanic legacy and turns them into Chicano literature through the process of bilingualism, Chicano psychology, and relocation to the border region of Arizona.[6] Another Chicano writer who has drawn from Spanish literature is Rolando Hinojosa. Two of his sources for his Klail City Death Trip Series have been *Claros varones de Castilla* and *Generaciones y semblanzas*, Spanish masterpieces from the medieval period.[7]

Méndez also draws from Latin American literature, another source of the literary legacy of the Chicano. His use of magical realism in his latest novel, *The Dream of Santa María de las Piedras*, is an extension of the Latin American propensity to mix the fantastic and the real, which is the mixture of the magical, spiritual, and physical reality that truly represents the holistic interpretation of Latin American reality. This is the result of the *mestizaje* of the magical and spiritual world of the indigenous people of America and the pragmatic, but mystic, reality of Spain. The desert seems an appropriate location for a Chicano version of Latin American magical realism, as the constant mirages and images produced by the heat and reverberations of the local elements create a fantastic atmosphere where both realities, the physical and the psychological, converge in a dramatic display presenting different levels of perception. Hallucinations? Illusions? Reality? All of these and more. That is the nature of the desert and of the land of Aztlán: a mixture of magical realism and mythology. A study of Méndez's use of magical realism in *The Dream of Santa María* can be found in the eloquent article by Alfonso Rodríguez in the proceedings from the conference in Barcelona on Culturas Hispanas de los Estados Unidos de América.[8]

Méndez, again, juxtaposes both realities, as if to pit one against the other, in his epic poem *Los criaderos humanos y Sahuaros (The human breeding grounds and Sahuaros)*. Poetic language, it seems, was the only vehicle for dramatizing the profound pain and grief that invade like a cancer the lives and circumstances of the downtrodden, the unwanted, the pariahs. These, according to Méndez, are the indigenous Americans, the people of the desert, of Aztlán, people who are not only victimized by "the terrible mother," the desert, but also by their fellow human beings, the powerful, the elite, entrenched in the cities.[9] The desert and the city become the entities that breed their oppressors. The desert and the city emerge as constant leitmotifs in Méndez's works just like the dual representation of reality from "Tata Casehua" to *The Dream of Santa María de las Piedras*, these two elements are constant in his work no matter what the themes are or what genre he uses.

Another characteristic of Méndez's style is the reappearance of protagonists in his works. These characters are prototypes found along the border: streetwise kids, wetbacks, gossipy old men, prostitutes, and Indians, people Méndez knew and lived with during his youthful pilgrimage through the Southwest. To anybody who has lived in any of the border cities, Tijuana, Juárez, Nogales, or Brownsville, Méndez's characters seem like old friends. The Mexico-United States borderland is unlike any other region in the world. It is a two-thousand-mile stretch of land where the first world confronts the third world, creating some kind of utopia (a good place or no place, depending on your interpretation of the term). It is the dumping ground of two countries where the people who live there must forever scheme and invent daring strategies for survival. A place where on one side people are constantly looking for ways to cross the borderline, while on the other they are constantly looking for more brutal ways to stop them. Yet, it is a place full of life and energy. A place where races and languages mix freely together, and whose economic strength relies upon the creativity of the people, with no holds barred. Anything goes, as long as you don't get caught. In spite of its dynamics, Mexico and the United States disassociate themselves from the borderland. They argue that it is a place completely created by a bad press in order to embarrass both governments and that the border represents neither Anglo American values nor the traditions of Mexican culture. Méndez does not describe this world any differently in his work. In fact, he adds that it is a place where greed, injustice, and discrimination pervade. Yet, despite the harshness of the situation and the hostility of the environment, it is the people struggling for survival in this place that make the border the last frontier in America. And Miguel Méndez continues to tell the world their story.

UNIVERSITY OF COLORADO

Notes

[1]Edward Simmens, introduction to *The Chicano: From Caricature to Self-Portrait* by Edward Simmens (New York: New American Library, 1971), 25.

[2]Salvador Rodríguez del Pino, *La novela chicana escrita en español: cinco autores comprometidos* (Ypsilanti, MI: Bilingual Press/Editorial Bilingüe, 1982), 37-63.

[3]Justo S. Alarcón, "Miguel Méndez M.: Entrevista" *La Palabra*, 3.1-2 (Spring-Fall 1981): 3-17. Miguel Méndez, "Tragedies of the Northwest: Tata Casehua"; "Workshop for Images: Come In".

[4]*El Espejo* (Berkeley, CA: Quinto Sol, 1969), 30-74.

[5]Juan Bruce-Novoa, "La voz del silencio: Miguel Méndez," *Diálogos*, 12.3 (May-June 1976): 27-30.

[6]Luis Leal, "Méndez y el *Calila y Dimna*," *La Palabra*, 3.1-2 (Spring-Fall 1981): 67-76.

[7]Salvador Rodríguez del Pino, introduction: "Génesis del mundo chicano según Hinojosa" to *Estampas del Valle*, by Rolando Hinojosa (Tempe: Bilingual Press/Editorial Bilingüe, 1994), 1-18.

[8]Alfonso Rodríguez, "*El sueño de Santa María de las Piedras* de Miguel Méndez: Del realismo crítico al realismo mágico," in *Culturas Hispanas de los Estados Unidos de América* (Madrid: Ediciones de Cultura Hispánica, 1990), 511-17.

[9]Lupe Cárdenas, "La ciudad como arquetipo de la madre terrible en *Peregrinos de Aztlán, La Palabra*, 3.1-2 (Spring-Fall 1981): 33-49.

VI. Bibliography

BIBLIOGRAFÍA DE Y SOBRE MIGUEL MÉNDEZ

Francisco A. Lomelí
Manuel M. Martín-Rodríguez

Libros de Miguel Méndez

Los criaderos humanos (épica de los desamparados) y Sahuaros. Tucson: Editorial Peregrinos, 1975.

Cuentos para niños traviesos/Stories for Mischievous Children. Berkeley: Editorial Justa Publications, 1979. Edición bilingüe; traducción por Eva Price.

Cuentos y ensayos para reír y aprender. Tucson: Miguel Méndez M., 1988.

Cuentos y mitos de dominio público. Tucson: Pima College, 1978.

De la vida y del folclore de la frontera. Tucson: Mexican American Studies & Research Center, Universidad de Arizona, 1986.

The Dream of Santa María de las Piedras. Tempe, AZ: Bilingual Press/Editorial Bilingüe, 1989. Traducción por David William Foster.

Peregrinos de Aztlán. Tucson, AZ: Editorial Peregrinos, 1974. Segunda edición: Editorial Justa Publications, Berkeley, CA, 1979. Tercera edición: Ediciones Era, México, D.F., 1989. Cuarta edición: Bilingual Press/Editorial Bilingüe, Tempe, AZ, 1991.

Pilgrims in Aztlán. Tempe, AZ: Bilingual Press/Editorial Bilingüe, 1992. Traducción por David William Foster.

Que no mueran los sueños. México, D.F.: Ediciones Era, 1991.

El sueño de Santa María de las Piedras. Guadalajara, México: Editorial de la Universidad de Guadalajara, 1986. Segunda edición: Editorial Diana, México, D.F., 1993.

Tata Casehua y otros cuentos. Berkeley: Editorial Justa Publications, 1980. Edición bilingüe; traducción por Eva Price, Leo Barrow y Marco Portales.

Otras publicaciones selectas de Miguel Méndez

"La alienación en la literatura chicana". *De Colores* 4.1-2 (1978): 151-54.

"Doña Emeteria". *Mosaico de la vida.* Ed. Francisco Jiménez. New York: Harcourt Brace Jovanovich, 1981. 160-64.

"En torno a la poesía". *Inscape* 4.3 (1974): 30.

"Génesis de la palabra" y "Vida de circo". *La Palabra* 1.1 (Primavera 1979): 1-2.

"Little Frankie" y "Lluvia". *Revista Chicano-Riqueña* 2.2 (1974): 8-11.

"Luna", "El hombre pequeño", "No", "El hombre más feo del mundo", "Huachusey", "El tío Mariano" y "Muerte y nacimiento de Manuel Amarillas". *La Palabra* 3 (Primavera-Otoño 1981): 87-120.

"Mr. Laly". *La Palabra* 1 (Otoño 1979): 38-43.

"Taller de imágenes: pase", "Workshop for Images: Come In", "Tragedias del noroeste: Tata Casehua", "Tragedies of the Northwest: Tata Casehua". *El Espejo/The Mirror: Selected Mexican American Literature*. Eds. Octavio I. Romano y Herminio Ríos-C. Berkeley: Quinto Sol, 1969. 30-74.

"Tata Casehua". *El Grito* 2.2 (1968): 3-16.

Artículos sobre Miguel Méndez

Alarcón, Justo S. "Lo esperpéntico en Miguel Méndez M.". *The Americas Review* 17.1 (Primavera 1989): 84-99.

____. "Estructuras narrativas en *Tata Casehua* de Miguel Méndez". *Confluencia* 1.2 (Primavera 1986): 48-54.

Alurista. "Myth, Identity and Struggle in Three Chicano Novels: Aztlán . . . Anaya, Méndez and Acosta". *European Perspectives on Hispanic Literature of the United States*. Ed. Geneviève Fabre. Houston: Arte Público Press, 1988. 82-90.

Akers, John C. "Fragmentation in the Chicano Novel: Literary Technique and Cultural Identity". *Revista Chicano-Riqueña* 13.3-4 (Otoño-Invierno 1985): 121-36.

Barrón, Pepe. "Miguel Méndez M.: Chicano Teacher in a Community College". *Community and Junior College Journal* 43.6 (Mar. 1973): 56.

Bornstein de Somoza, Miriam. "*Peregrinos de Aztlán*: dialéctica estructural e ideológica". *Revista Chicano-Riqueña* 8.4 (Otoño 1980): 69-78. También en *Cuadernos Americanos* 39.4 (Julio-Agosto 1980): 23-33, y en *Contemporary Chicano Fiction: A Critical Survey*. Ed. Vernon E. Lattin. Binghamton, NY: Bilingual Press/Editorial Bilingüe, 1986. 215-25.

Brito, Aristeo. "El lenguaje tropológico en *Peregrinos de Aztlán*". *La Luz* 4.2 (Mayo 1975): 42-43.

____. "Paraíso, caída y regeneración en tres novelas chicanas". Tesis doctoral, University of Arizona, 1978.

Bruce-Novoa, Juan. "En torno a Miguel Méndez". *La Palabra* 3.1-2 (Primavera-Otoño 1981): 77-83.

____. "Miguel Méndez: Voices of Silence". *De Colores* 3.4 (1977): 63-69. También en *Contemporary Chicano Fiction: A Critical Survey*. Ed. Vernon E. Lattin. Binghamton, NY: Bilingual Press/Editorial Bilingüe, 1986. 206-14.

____. "Righting the Oral Tradition". *Denver Quarterly* 16.3 (Otoño 1981): 78-86.

____. "La voz del silencio: Miguel Méndez". *Diálogos* 12.3 (Mayo-Junio 1976): 27-30.

Cárdenas, Lupe. "La ciudad como arquetipo de la madre terrible en *Peregrinos de Aztlán*". *La Palabra* 3.1-2 (Primavera-Otoño 1981): 33-47.

Ekstrom, Margaret V. "Wanderers from an Aztec Land: Chicano Naming Devices Used by Miguel Méndez". *Literary Onomastic Studies* 12 (1985): 85-92.

Escalante Betancourt, Evodio. "La obra fundamental de Miguel Méndez". *Sábado* (México, D.F.) 23 enero 1988: s.p.

____. "Petraglosia e identidad en una novela chicana: *Peregrinos de Aztlán*, de Miguel Méndez". *Revista Signos; Anuario de Humanidades* (Universidad Nacional Autónoma Metropolitana, México) 1988: 415-33.

Flores, Lauro. "Introducción a los trabajos críticos". *La Palabra* 3.1-2 (Primavera-Otoño 1981): 31-32.

____, y Mark McCaffrey. "Miguel Méndez: el subjetivismo frente a la historia". *De Colores* 3.4 (1977): 46-57.

Gaardner, A. Bruce. "Análisis crítico de *Peregrinos de Aztlán*". *Bilingual Schooling and the Survival of Spanish in the United States*. Rowley, MA: Newbury House, 1977. 191-224.

Gonzales-Berry, Erlinda. "Chicano Literature in Spanish: Roots and Content". Tesis doctoral, University of New Mexico, 1978. 220-54.

Gutiérrez Revuelta, Pedro. "Peregrinos y humillados en la épica de Méndez". *La Palabra* 3.1-2 (Primavera-Otoño 1981): 58-66.

Hernández-Gutiérrez, Manuel de Jesús. "El barrio, el anti-barrio y el exterior: la textualización semiótica del 'colonialismo interno' en la narrativa chicana". Tesis doctoral, Stanford, 1984. 216-83.

Johnson, Elaine Dorough. "El papel de la naturaleza en *Peregrinos de Aztlán*". *La Palabra* 3.1-2 (Primavera-Otoño 1981): 50-57.

____. "A Thematic Study of Three Chicano Narratives: *Estampas del Valle y otras obras, Bless Me, Ultima,* and *Peregrinos de Aztlán*". Tesis doctoral, The University of Wisconsin at Madison, 1978. 149-286.

Katra, William H. " 'Taller de Imágenes': A Poetic Cosmovision". *Minority Voices* 4.2 (Otoño 1980): 75-84.

Leal, Luis. "In Search of Aztlán". *Denver Quarterly* 16.3 (Otoño 1981): 16-22.

____. "Méndez y el *Calila y Dimna*". *La Palabra* 3.1-2 (Primavera-Otoño 1981): 67-76.

____. "Mito y tecnología en *Peregrinos de Aztlán*". En "La Comunidad" de *La Opinión* (Los Angeles) 5 febrero 1984: 4-5.

____. "*Tata Casehua* o la desesperanza". *Revista Chicano-Riqueña* 2.2 (Primavera 1974): 50-52.

Lewis, Marvin A. *Introduction to the Chicano Novel*. Institute Paper Series. Milwaukee: Spanish Speaking Outreach Institute, College of Letters and Science, The University of Wisconsin-Milwaukee, 1982. 14-20.

____. "*Peregrinos de Aztlán* and the Emergence of the Chicano Novel". *Selected Proceedings of the 3rd Annual Conference on Minority Studies*. Vol. 2. Eds. George E. Carter and James R. Parker. La Crosse: Institute for Minority Studies, University of Wisconsin, 1976. 143-57.

Lomelí, Francisco A. "En torno a la literatura de la frontera: ¿Convergencia o divergencia?" *Plural* 179 (Agosto 1986): 24-32.

____. "Novel". *A Decade of Chicano Literature (1970-1979): Critical Essays and Bibliography*. Eds. Luis Leal et al. Santa Bárbara: Editorial La Causa, 1982. 33, 36.

____, y Donaldo W. Urioste. *Chicano Perspectives in Literature: A Critical and Annotated Bibliography*. Albuquerque: Pajarito Publications, 1976. 27, 43-44, 73, 74, 95, 98, 103, 104.

Marín, Mariana. "*Pocho y Peregrinos de Aztlán*: Contradicciones textuales e ideología". *Revista Chicano-Riqueña* 6.4 (Otoño 1978): 59-62.

Quiroz, Roberto R. "The Images of Miguel Méndez M.". *Raza Art & Media Collective Journal* 1.2 (1 Marzo 1976): 1-2.

Robinson, Cecil. *Mexico and the Hispanic Southwest in American Literature*. Tucson: The University of Arizona Press, 1977. 328-30.

Rodríguez, Juan. "Comments on 'El hombre víbora' ". *Carta Abierta* 5 (Octubre 1976): iii.

____. "Short Story". *A Decade of Chicano Literature (1970-1979): Critical Essays and Bibliography*. Eds. Luis Leal et al. Santa Bárbara: Editorial La Causa, 1982. 42-43.

Rodríguez del Pino, Salvador. "Méndez M., Miguel". *Chicano Literature: A Reference Guide*. Eds. Julio A. Martínez y Francisco A. Lomelí. Westport, CT: Greenwood Press, 1985. 270-80.

____. "Miguel Méndez M.". *Dictionary of Literary Biography. Volume Eighty-Two. Chicano Writers; First Series*. Detroit: Gale Research, 1989. 157-64.

____. *La novela chicana escrita en español: cinco autores comprometidos*. Ypsilanti, MI: Bilingual Press, 1982. 37-63.

Rojas, Guillermo. "La prosa chicana: tres epígonos de la novela mexicana de la revolución". *Cuadernos Americanos* 44.3 (Mayo-Junio 1975): 198-209. También en *De Colores* 1.4 (1975): 43-57, y en *The Identification and Analysis of Chicano Literature*. Ed. Francisco Jiménez. New York: Bilingual Press/Editorial Bilingüe, 1979. 317-28.

Segade, Gustavo V. "Chicano Indigenismo: Alurista and Miguel Méndez M.". *Xalmán* 1.4 (Primavera 1977): 8-11.

____. "*Peregrinos de Aztlán:* viaje y laberinto". *De Colores* 3.4 (1977): 58-62.

Shirley, Carl R. "A New Perspective in Chicano Literature". *Hispania* 58.4 (Diciembre 1975): 946.

_____, y Paula W. Shirley. *Understanding Chicano Literature*. Columbia, S.C.: The University of South Carolina Press, 1988. 115-17.

Somoza, Oscar Urquídez. "El marxismo subyacente en *Peregrinos de Aztlán*". *Xalmán* 2.1 (Primavera 1978): 17-22.

_____. "The Mexican Element in the Fiction of Miguel Méndez". *Denver Quarterly* 17.1 (Primavera 1982): 58-77.

_____. "Visión axiológica de la narrativa chicana". Tesis doctoral, University of Arizona, 1977.

Tatum, Charles. *Chicano Literature*. Boston: Twayne Publishers, 1982. Traducido como *La literatura chicana* por Víctor Manuel Velarde. México, D.F.: Secretaría de Educación Pública, 1986. 180-83.

Ubilla-Arenas, Cecilia. "*Peregrinos de Aztlán*: de la crítica social al sueño humanista". *La Palabra* 1.2 (Otoño 1979): 64-75.

Vogt, Gregory M. "Archetypal Images of Apocalypse in Miguel Méndez's *Tata Casehua*". *Confluencia* 1.2 (Primavera 1986): 55-60.

Zaragoza, Cosme. "Del siglo XIX al XX: la novela chicana aztlanense escrita en español". Tesis doctoral, University of Arizona, 1984. 98-131.

Reseñas

Alarcón, Justo S. Reseña de *Los criaderos humanos y Sahuaros*. *Explicación de Textos Literarios*. 6.2 (1978): 239.

_____. Reseña de *Peregrinos de Aztlán*. *Mester* 5.1 (Noviembre 1974): 61-62.

Cárdenas, Lupe. Reseña de *Los criaderos humanos y Sahuaros*. *La Palabra* 1.2 (Otoño 1979): 101–2.

Gerdes, Dick. Reseña de *Tata Casehua y otros cuentos*. *La Palabra* 3.1-2 (Primavera-Otoño 1981): 143-45.

Gonzales-Berry, Erlinda. Reseña de *Peregrinos de Aztlán*. *Chasqui* 5.2 (Febrero 1976): 86-87.

Olstad, Charles. Reseña de *Peregrinos de Aztlán*. *Journal of Spanish Studies: Twentieth Century* 2.2 (Otoño 1974): 119-21.

"*Peregrinos de Aztlán*". *Centro* 3.3 (Invierno 1974): 4.

Puga, María Luisa. Reseña de *El sueño de Santa María de las Piedras,* de Miguel Méndez. *Provincia y Metrópoli* (Pátzcuaro, Michoacán) Marzo 1988: s.p.

Reseña de *Peregrinos de Aztlán*. *Renacimiento* 4.70 (Diciembre 1973): 9.

Reseña de *Tata Casehua y otros cuentos y Peregrinos de Aztlán*. *Multi-Ethnicity in American Publishing* (Midwest Regional) 6.3 (Otoño 1978): 3.

Robinson, Cecil. Reseña de *Peregrinos de Aztlán*. *Arizona Quarterly* 32.2 (Verano 1976): 185-87.

Rodríguez, Juan. Reseña de *Peregrinos de Aztlán*. *Revista Chicano-Riqueña* 2.3 (Verano 1974): 51-55.

Tatum, Charles. Reseña de *Peregrinos de Aztlán*. *Books Abroad* 49.2 (Primavera 1975): 285.

Entrevistas

Alarcón, Justo S. Entrevista con Miguel Méndez M. *La Palabra* 3.1-2 (Primavera 1981): 3-17.

_____, y Lupe Cárdenas. Entrevista a Miguel Méndez M. *Confluencia: Revista Hispánica de Cultura y Literatura* 4.1 (Otoño 1988): 151-56.

Bruce-Novoa, Juan. Entrevista con Miguel Méndez M. *Chicano Authors: Inquiry by Interview*. Austin: University of Texas Press, 1980. 83-93.

Rodríguez del Pino, Salvador. Entrevista con Miguel Méndez. Grabación de video. Serie "Encuentro: Interviews with Leading Chicano Writers". University of California, Santa Bárbara, 1977. 30 minutos.

Suplemento

Después de terminar esta bibliografía, Miguel Méndez nos mandó algunas citas adicionales. Aunque la información queda incompleta en muchos casos, la incluimos por su posible utilidad a los lectores e investigadores.

Aldaco, Guadalupe. "Crítica y cultura *De la vida y del folklore de la frontera*. De la inevitable confluencia de la pasionalidad y la razón". Hermosillo, Sonora, México: El Colegio de Sonora, 1989.

____. Entrevista a Miguel Méndez. *Dominical*, Suplemento literario del diario *El imparcial* (Hermosillo, Sonora, México) 1987.

Cárdenas, Noé. "Los braceros, drama social y lingüistico". *El Semanario de Novedades* (México, D.F.).

Cela, Camilo José. Carta de felicitación con relación a la novela *El sueño de Santa María de las Piedras*. España, 1989.

Di-Bella, José Manuel. "Crónica de una miseria ontológica". *Revista Semanal, La Jornada* (México, D.F.) 1989.

Domínguez Michael, Christopher. "Crónica de narrativa: narradores del desierto". *Vuelta* 154 (Septiembre 1989): 40-41.

Flores, Arturo. "Compromiso y escritura: Miguel Méndez y la imagen referencial". *Confluencia* (Univ. of Northern Colorado) 1990.

Gaona, María Eugenia. *Peregrinos de Aztlán*. En *Antología de la Literatura Chicana*. México, D.F.: UNAM, 1986.

García, Gustavo. "Las voces de Aztlán". *Sábado*, Revista literaria del diario *Unomásuno* (México, D.F.) 1 abril 1989.

García, Martha. "*Peregrinos de Aztlán*, convertido ya en clásico: Héctor Manjarrez". *El Nacional*, 13 marzo 1989.

Johansson, Kjell A. "Miguel Méndez Flyttade Från USA till Mexiko till USA: Gränsen ar ett vidsträckt område Dagens Nyheter". Stockholm, agosto 1988.

Johnson, María Mercedes. "El tema del destierro en *Peregrinos de Aztlán*". Tesis doctoral, St. Louis University, 1982.

Lerat, Christian. "Problématique de la survie et de la Renaissance dans *Tata Casehua* de Miguel Méndez". Bordeaux: Presses Universitaires de Bordeaux, 1988.

Manjarrez, Héctor. "*Peregrinos de Aztlán:* entre bellezas y crueldades". Suplemento cultural de *Novedades* (México, D.F.) 1989.

Martínez Rentería, Carlos. "*Peregrinos de Aztlán* se presentó en la feria". *El Universal* (México, D.F.) 1989.

Mendivil, María Antonieta. "Miguel Méndez, una literatura sin fronteras". *Mucho Gusto* (Hermosillo, Sonora, México) 1990.

Patán, Federico. "*Peregrinos de Aztlán:* Historia de un desarraigo". *Universidad de México. Revista de la Universidad Nacional Autónoma de México* (México, D.F.) Junio 1989: 46-47.

"*Peregrinos de Aztlán*". *La Jornada de los Libros* 216, 11 marzo 1989: 1.

Piña, Martín. "Paraíso e infierno en *Santa María de las Piedras*". Hermosillo, Sonora, México: Universidad de Sonora, 1990.

"Le poesie de Miguel Méndez". En *Antologia di poeti chicani. Sotto il Quinto Sole*. Firenze, Italia: Passigli Editori, 1990.

Promis, José. "El programa narrativo de Miguel Méndez". *Revista Chilena de Literatura* (Santiago, Chile) 1989.

Sosa Ballesteros, Julio. "*Peregrinos de Aztlán*, La novela que todos deben leer". *Revista Secundaria* (Academia de la Especialidad de España en Sonora) 1.2 (Mayo 1977): 35.

Torres, Vicente Francisco. "El paisaje norteño en algunos narradores mexicanos". Edición del Encuentro Nacional de Escritores en la Frontera Norte, 1990.

Torres, Vicente Francisco. *"Peregrinos de Aztlán*, por fin en México". *Sábado*, Revista literaria del diario *Unomásuno* (México, D.F.) 11 marzo 1989: 6.

Trejo Fuentes, Ignacio. "Miguel Méndez: *Peregrinos de Aztlán*". *Sábado*, Revista literaria del diario *Unomásuno* (México, D.F.) 1989.

Vargas Portugal, Rubén. "Peregrinación de la esperanza". *Lectura. El Nacional* (México, D.F.) 1988.